# 苏 青

## 风 从 海 上 来

江晓英◎著

时代出版传媒股份有限公司
北京时代华文书局

图书在版编目（CIP）数据

苏青：风从海上来／江晓英著. —北京：北京时代华文书局，2015.9
ISBN 978-7-5699-0542-7

Ⅰ. ①苏… Ⅱ. ①江… Ⅲ. ①苏青（1917～1982）-传记 Ⅳ. ①K825.6

中国版本图书馆 CIP 数据核字（2015）第 218589 号

丑牛系列之民国的婉约

# 苏青：风从海上来

著　　者｜江晓英

出 版 人｜杨红卫
选题策划｜黎　雨
责任编辑｜胡俊生
装帧设计｜张子墨
责任印制｜刘　银
营销推广｜新业文化

出版发行｜时代出版传媒股份有限公司 http：//www. press-mart. com
　　　　　北京时代华文书局 http：//www. bjsdsj. com. cn
　　　　　北京市东城区安定门外大街 136 号皇城国际大厦 A 座 8 楼
　　　　　邮　编：100011　　电话：010-64267955　64267677
印　　刷｜河北信德印刷有限公司
　　　　　（如发现印装质量问题，请与印刷厂联系调换）
开　　本｜880×1230mm　1/32
印　　张｜8
字　　数｜179 千字
版　　次｜2015 年 11 月第 1 版　　2024 年 5 月第 2 次印刷
书　　号｜ISBN 978-7-5699-0542-7

定　　价｜46. 00 元

# 序

新加坡作家尤今说女人有四个阶段：少女，少妇，徐娘，老妪。

少女情怀如诗，短暂而美丽。

少妇情怀如散文，精明能干，成熟踏实。

徐娘像小说，沉着豁达，妖媚动人。

老妪像论文，沉闷枯燥，晦涩难懂。细细品味，却韵味十足。

女人是一部书，一部娓娓走笔，草蛇伏线在一竖一捺、一点一撇、一横一斜、一提一放字里行间的故事书。女人如书，书自天成；女人如书，卷卷流云；女人如书，字字玑珠。杰出女人似人间底色出岫来，件件不重样，事事有千秋，她们是精彩绝伦着无以复加的一部花样编年体史书。

女人书，温娴静怡地散发栀子的清芬。

苏青说《结婚十年》，说与女人听，说与商贩闻，说与市民知，说与商贾晓，说与政要懂。她说与知己、不知己的热衷生活的人作茶余饭后的谈资与笑说。

如此，书便再版，再版，一版再版地大卖；如此，她便可获得源源不断的版税养活一家大小；如此，她便有了欣欣向荣的时而慎重的、幽微的，大胆盛开的活水源泉。

她将十年婚姻中芝麻谷子的零碎琐事，以犀利、直接、大胆、通透的笔触洋洋洒洒道来，说老百姓的家务事，说女人的婚姻事，说窗子以外的新鲜事，说一些拉拉杂杂的生活常事。一些聊胜于无的眼前事便活灵活现地影印在你心坎上，慢慢咀嚼，已是满口余香，趣味丛生，既尖锐刻薄，又辛辣胆大。

她以女性的口吻，女性的视角，女性的思维，女性的认知，开诚布公地谈论中国式女人的人情世故和生活底色。素材略显平常稀松，却蕴藉深刻高远。行文走笔的特立独行风格，开了历史之先河，女子之先河。

十年之前，在婚姻的樊笼中，她是妻子、母亲、媳妇、女儿，也是旧式家庭中的少奶奶。尽管她是受过高等教育的新式女子，尽管她的婚姻本算得上是爱情的结晶，尽管她个性中饱含着热情洋溢。但是，三个女儿的相继出生，让她承受了公婆的冷眼相向，而丈夫的感情出轨，使得矛盾加剧，最终促使她义无反顾地摆脱婚姻的枷锁。

从此，她也开始了一条不平凡的路。这条路让她走得既艰苦又充满激情，既困难又充满希望，也让她成为了当时上海滩有名的出版人，杂志社创办人。

张爱玲说："苏青最好的时候能够做到一种'天涯若比邻'

的广大亲切，唤醒了往古来今无所不在的妻性母性的回忆。"

张爱玲还说："她起初写给我的索稿信，一来就说'叨在同性'，我看了总要笑。"

她们说来说去，在咬文嚼字中比肩齐飞，成为 20 世纪四十年代上海女作家中的"苏张"。"双璧"并驾齐驱成为海派文学的推动者和繁荣者，影响深远巨大。

饮食男女，苏青是也。

她笔下桩桩件件都是饮食男女的俗事凡事，经她吐露，却不同凡响、生活谐趣。

她和她的《天地》共创了上海文坛的一个天地，不拘泥于形式的文学用稿，引得各色各样的名流雅士踊跃赐稿，一时间杂志百花齐放，一度使得"洛阳纸贵"。

她谈女人，站在女性的角度看女人。她谈男人，用女子的眼光审视男人。她谈她的眼见耳闻和生活体悟，直率，索性，干脆，掷地有声。

苏青谈的，老百姓喜闻乐见，风流名士欢喜，才子佳人欣然。于是，她的《结婚十年》反复再版达 36 次，盛况空前，无限风光。

文风的辛辣，表达的赤裸，语言的刻骨，有人"加冕"她一顶"文妓"的帽子，此后她一直未曾脱掉。

而她在上海"孤岛时期"与上海伪市长陈公博的交集，与大汉奸周佛海的交往，与胡兰成千丝万缕的瓜葛，埋下了此后生活中遭诟病的引线。

新中国建立后，出于对美好生活的向往和憧憬，苏青义无反顾地选择了与之同呼吸，共命运。

从此，她专注戏剧创作，一部《宝玉与黛玉》在京城及各地连续演出 300 多场，轰动一时。

有人说，如果上海滩还有最后一位穿旗袍的女士，大致是苏青了。

当然，如果张爱玲依旧与其并肩而坐，繁华的十里洋场，某个小巷的某个路口，某个斜阳夕照下，或许有"双璧"从壁垒中走了下来，濯濯生辉。

只是，张爱玲早已远走他乡，寂寂凋零在大洋彼岸。

若干年后，宁波鄞州浣锦桥边，有人等着苏青归去！

张爱玲，苏青，曾经的"双璧"同样远赴重洋，一个是身前，一个在身后。

江晓英

# 目　录

我听见回声，来自山谷和心间
以寂寞的镰刀收割空旷的灵魂
不断地重复决绝，又重复幸福
终有绿洲摇曳在沙漠

我相信自己
生来如同璀璨的夏日之花
不凋不败，妖冶如火
承受心跳的负荷和呼吸的累赘
乐此不疲

——泰戈尔

# 第一章　冯家大院

我是生长在宁波城西有一个叫浣锦的地方，其名称的来历不知道，我只知道我家的房子很大，走出大门不远处，有一石桥曰浣锦桥。幼小的时候，我常常随着祖父到桥边去。

——苏青

不曾想，一个寂寞了百年的小村落，一时间被推向了舆论的中心。它的拆迁消息一经传出，如星雨点点密匝在一潭幽深中激荡起涟漪层层。当地居民，还有一些远在大洋彼岸的海外作家纷纷疾声呼吁"手下留村"。

是什么样的村落，让这么多人牵挂和惦记呢？

或许，这份关注不仅仅是对一个村庄、一个家族、一栋房子的热切向往。或许，有那么一些影存早已种植在一个飘缈、久远的梦中。梦里，灰扑扑的色泽在簇簇地降落，它是古朴的，陈旧的。或许在某个深幽的拐角处，或许从古老的墙垣中，一丛葱茏已然探出，那便是沉香生了新翠，一些故事吐蕊发芽了。

2009 年 11 月 26 日，台湾《中国时报》副刊所载《苏青阿姨与冯家》一文称:"家母为苏青阿姨堂姊……本文叙述苏青阿姨鲜为人知的家世、生平二三事,容或得补充诸书不足、讹误处。"

一文引出尘封事,一语道出不了情。冯家村,这个昔日普通的小村落从此不普通,鲜活地走进人们的视野中。

远远的,一片苍郁中,青砖石砌起一座座夯实的屋基,马头墙立于风霜中百年相连又间隔,而木头屋檐轻挺、微翘在和风中,有斑驳从熹微从苍老里一点点剥落下来,它们可曾饱含过如水的月光,如水的流年,还有如水年华中的前尘过往。可待"燕子来时新社",这江南人家门庭便生动起来,里外相通,里外门户的大大小小的小子丫头于是翻天了,叽叽喳喳地蹦蹦跳跳,他们从历史的影印中走下来,活泼轻快着。

冯家小村落,似可闻当年的嬉戏笑语欢声。谁在奔跑,谁在打闹,谁家传出了朗朗的诵读声,而谁又立于"浣锦桥"上,俯首缓缓而流的清溪。


走进冯家院落,追寻百年村落的历史往事,或许关于它拆迁受到广泛关注和热切重视的一切谜底,就迎刃而解,无须解疑了。

《苏青阿姨与冯家》中写道:"浙江鄞县南门外石契镇有一小地名'后仓',意指'后面的仓库'。石契镇旁邻栎社镇,现在建了'宁波栎社国际机场';从前由栎社镇远远就看到后仓冯家金房大宅院的大墙门。"

金房,这个陡然的字眼醒目地钻入眼帘,让人好奇心遂起,什么样的房子,是镀金的镶金的嵌金的房屋可称为金房吗?而一个村落中,真有这般奢华到用金子铺垫和装点的门楣吗?

　　中国人讲究风水文化，考究门庭坐落方向，研究牌匾题字蕴积，中国人对与生活息息相关的吃住行，饱含着一种"富贵荣华永"的人生追寻和热切向往。因此，中国人在修房葺屋上，对择日、选材、动工、竣工等都十分挑剔、重视，将这些事情视为家族或家庭中的头等大事，始终恭敬、虔诚地看待和对待，追求圆满和完美。而因地域、人文、习俗、历史等的不尽相同，也就造就了风格各异、形式多样的民族、民间建筑，若这些特色建筑挑开细微差别，却是流溢着各种精彩纷呈。

　　文中提到"金房"，单从字面上推敲，容易让人圈囿在固定的思维模式中，产生不必要的疑惑或陷于认识的简单性。若稍加思索和探究，便不会有这么稚气的想法了。

　　在清末民初，一个小小的村落，怎可能真的用金子来打造呢？财不露富，贵在不言，这是中国人对金钱管理最为传统的认识和想法。对于偏于一隅的小山村，适当地藏金纳玉是最明智的做法。但是，缔造村庄的先行者却旗帜鲜明地告诉他人，我这里是"金房"，不显即贵，不贵即富，寓意非常明确、直接、开放。

　　"金色"的冯家村，它从何而来？

　　一向讲究阴阳八卦的中国人，会让金色孑然独立地存在？

　　或许，这就是中国文化十分有趣的地方，常说"金玉良缘""金玉良言"，"金玉"预示着美好的，相衬的，融入的，日进斗金，岂能缺玉呢？

　　"原来还有'玉房'。数百年前，浙江慈溪县冯家两位兄弟迁徙至鄞县后仓；哥哥是金房的祖先，弟弟是玉房的祖先。"

"金房"高拱，"玉房"蔚然，一派"金玉"呈祥。文中这点滴爆料，却简约而不简单地将冯家村的底蕴推向更深更高处，值得后来人去探究和体味。

许是静静地漫步在小巷的青石板上，流光泻影一幕幕穿梭，那些残缺的泛黄晕色或许会一点点地拉近光阴的距离，恍然间，故事一桩桩一件件从苍老中跳脱出来，丛生谐趣，萌生新鲜。冯家村，再不单单是因为有一位名唤"苏青"的女作家从这里走出去，才如此被人关注和惦记，其内里的风韵和沉淀，聚合成闪烁的晶莹的光点，氤氲在江南的山水迷雾中。

在中国的人文历史中，每一个姓氏，每一个祠堂，每一个家族，各自演绎着风雨烟云，或沉潜，或起伏，或激进，或追溯，都有着与家族史匹配的发展规律，其演变的趋势，与每一代当家人的德行、品格、胸襟密不可分，意义深远。

冯家村，一个"金房、玉房"构建的建筑群，一个江南腹地里的小村落，有着怎样的不同凡响，或者不为人知的故事，让它生动活泼起来了。


一部家族史，一个发展史，必然会有一个引子任它发端、发迹。

在《苏青阿姨与冯家》中，不经意便可寻到冯家村的来龙去脉。

据说，"金房第一代那位哥哥'捉狗屙'（收集狗粪卖给农夫作田肥）勤俭起家，逐渐置买田地。据说第二代'仁'字辈太公是猴子投胎转世，喜坐梯子高层；一日竟听到空中鬼相语，惊悸得病，早逝。传说太公婚娶太婆时，'青龙、黄龙'（一条青蛇、一条黄蛇）盘于新娘花轿底下。花轿一到冯家，'青龙、黄龙'立刻钻进并隐身米缸、谷仓里，'青龙伴米缸，黄龙伴谷仓'，但谁也没有真正看过它们。从此田地年年丰收，稻谷卖都卖不完。"

这是一个美丽的目眩神迷的传说，金房的发迹史，或让人倍觉不可思议；主人的创业史，又出乎人意料的普通，乃农家肥拾掇者，并非什么大显大福大贵的人家，是靠积累、打拼、执着而创立家业的。

到了第二代继承人，文中讲述的传奇故事，将家族兴旺发达的内因全部都抖落开来。

原来，勤劳、向善、好施、乐观，在潜移默化中会开出富贵花来，这是一种神奇的力量，一种神奇的因果循环。文中记载道："太婆过世了，'青龙、黄龙'也随之离开冯家。她育七子、子又育孙，子媳、内外儿孙'孝杖棒'几十根，数也数不清楚。"

多子多孙，多孙多福，冯家的"太婆"，她的佛心善意之举，不但赢得了当地人的敬意和尊重，也为儿孙后辈沉积下了福禄之缘。据说，老人出殡的时候："金房大墙门外头站满了叫花子，痛哭流涕悼念她。"只因她身前"遇叫花子来二房后门乞食，必放下饭碗，亲自起身舀三调羹米给叫花子，再回来继续吃饭。叫花子即使每天来，仍必拿到三调羹米。"太婆的个人魅力完美地转化为家族魅力时，冯家村不断地发展壮大了。

从庄稼人到殷实者，从殷实者到经营者，从经营者传承下去，开枝散叶，冯家村中走出了举人，秀才，大学生，一个个知识分子从冯家村落走出去。

其中，有一位冯家女子，光耀了冯家人的门楣，半个世纪过去，仍然有那么多人记住了她，记住了她从冯家村走出去。

她名和仪，字允庄，笔名苏青，是 20 世纪三四十年代与张爱玲齐名的上海女作家。

# 第二章　有凤来仪

他见了祖父很恭敬，连忙端了张大木椅来叫他在店门前坐下，于是桥边的人都站起来了，问候我祖父，把一切里巷见闻都告诉他听，征求他意见，听取他的判断。他默默地捻着须，眼望着天空，天空是蔚蓝的，薄薄铺些白云。我眼不转睛地看着我祖父，只听见祖父沉着而和蔼地在答复他们了。他的声音是这样低缓，态度安详到万分，大家都屏住气息，整个的浣锦桥上都鸦雀无声。

——苏青

他是晚清举人，自然文采斐然，他为他的孙女取名和仪。寓意为"鸾凤和鸣，有凤来仪。"这是一个饱含贵气、福气、大气的好名字。

和仪，应该是端庄、大方、温娴、高贵的姿态。

而冯和仪（苏青）一生呈现的生命姿态和生活姿颜，与"和"关联、与"仪"接轨吗？和为贵，和为容，和为韵，和生万物，顺势而为，顺应自然天地之气，成就仪态万千、风华绝代的个人魅力，苏青做到了吗？

中国人常说：人如其名，名如其人。中国人对名字有着特别的审美情趣和审美视角，将名字视为个人特征的体现，认为它有名片效应，是一张"金字"招牌。因此，对于孩子的取名，家长们非常地慎重，也非常地讲究，自是推敲再推敲，才能真正确定下来。

孙女"和仪"，饱含着他的希望和祝福！

他是从宁波鄞州冯家村走出来的晚清才子，姓冯，名丙然，字止凡。

或许，如今已经不能在历史的扉页里搜索到他的一点点曾经和过往。但是，作为上海女作家苏青的祖父，历史有理由好奇地将他从岁月的沉睡中摇醒，与他絮絮叨叨一会儿，共同去追溯那些关于苏青童年的轶事和趣事。

有关他的记载，有几个关键词："本村私塾校长""宁波府中学堂校长""杭州副参议员""创办《四明日报》""开公立医院""热心建设铁路"等，这些标签足以还原一个真实的冯丙然。此人不简单，好公益，兴教育，参政事，该是怎么样的一位能干人和社会人，才能做到这么多跨界、跨行、跨领域的非常之事呢？

一个一生都努力扶持教育事业的人，必是德高望重，学问不凡。作为清末民初的学校校长，冯丙然的个人魅力和社会影响力都引人侧目。在当地人中，社会地位显著，是一种精神形象的追寻和体现。

在苏青眼中，便能知道得更清晰。她说："幼小的时候，我常常随着祖父到桥边去，桥边石栏上坐着各式各样的人，他们都在悠闲地谈天。桥旁边有一家剃头店，房子是我家产业，剃头司务叫阿三，他见了祖父可恭敬，连忙端了张大木椅来叫他在店门前坐下，于是桥边的人都站起来了，问候我祖父，把一切里巷见闻都告诉他听，征求他意见，听取他的判断。他默默地捻着须，眼望着天空，天空是蔚蓝的，薄薄铺些白云。我眼不转睛地看着我祖父，只听见祖父沉着而和蔼地在答复他们了。他的声音是这样低缓，态度安详到万分，大家都屏住气息，整个的浣锦桥上都鸦雀无声。"

这是怎样的一个老人，他的气概如何呢？仅仅是这一小段描摹，冯丙然慧者智者明者清者的儒雅夫子形象，就烙印在了读者的脑海中，兴味有余，久久不散。

孩子的幼儿教育，多半来自家长的行为影响和语言引导。冯丙然，他对苏青潜移默化地引导和教育，是通过以身示范、以身作则来达到的。这也许就是当下一些教育专家常常呼吁的"亲子教育模式"吧，家庭是孩子的第一教育课堂。

在幼时的苏青眼里，祖父的言行举止、待人处世，在乡邻乡亲中所赢得的尊崇和敬意，会让她不自觉地眉梢"神气"，"骄傲"起来。拽着祖父的青衣袍子出门，是多么光彩的一件事啊。你看，四面八方投射来的盈盈笑意，四处招呼不断，问候声声传来，他们恭敬谦卑地连忙热情让座。尊者坐下，有心事者便赶紧上前，抓住这不错的际遇，将心中的困惑、疑问赶紧兜出来，希望得到这位智者的解答。他们坚信能从他智慧的言语中捋出一个线头来，一切难事自然也就迎刃而解。

因此，在小小的苏青心中，充满了对祖父的敬仰和信服，祖父很"厉害"呢！

年幼的苏青从祖父冯丙然身上读到的人事、社会、地位、生活、人生等，对她产生了深远的影响。成名后的苏青，骨子里的爽利、磊落、热情，虽与祖父的行为风格不尽相同，但是，对人对事对物，泰然真诚处之，智慧大胆行之，却都有冯丙然的影子。

当然，父母对子女的言传身教也必然是孩子成长的丰沛养分，直接或间接左右着孩子的未来世界。

无疑，苏青是幸福的。有人将她和张爱玲作了深入细致的比较，感怀于苏青少年时获得的爱，远比张爱玲多许多。

苏青有祖父母的疼爱有加，有外婆的放任娇纵，有冯家村中至爱亲朋的包容爱护，她在冯家村这个其乐融融的大家庭中，收获了细致入微的亲人关爱。尽管父母因在外读书的原因对苏青管教很少，但是，苏青心中收获的爱是满满的，溢在心田是甜甜的。

而童年时的张爱玲，抬眼灰蒙，心中清冷，生活世界里全是满怀的无奈。当倔强的母亲远赴重洋，当吸食大烟的父亲再婚，当她被关在楼阁中病得奄奄一息时，她的生命底色是灰烬的苍白的，她的家庭是缺陷的，亲情是缺失的，这是一种无以言明的伤痛，一生伴随着她。

《苏青阿姨与冯家》提到："家母（生于民国二年、一九一三年）与苏青阿姨（生于民国三年、一九一四年）年纪相仿，系同班同学。学业成绩互争雄长，不是一个第一、另一个第二，就是颠倒过来。小朋友日常相处、嬉戏，难免'拉帮结派'。四房连苏青阿姨一起共六人，她以'强人势'（宁波土话，指强大势力）又团结老玉房、'九份头'二人，组成'共和国'（意指全部都在我们这边）；家母也联合大、五、六房、它的冯姓同学总共六人，组成'中国'。苏青阿姨放学必先迂回绕道老玉房、

'九份头'，然后回家；希望巩固这两处二人的向心力，避免让家母那边吸引过去。"

小时候的苏青，与大多数小女孩一般，调皮、伶俐、朝气。同时，苏青又多了一些孩子不具备的气质特征，她兼有"领袖"气概，固有"争强好胜"之心，也有"永不服输"的精神。从小练就了强大的领导能力，温婉的协调能力，精明的洞察能力，这让后来在上海滩打拼的苏青如鱼得水，或多或少源于少时的潜移默化。当年的小孩子游戏，就是一个直接的敞亮的平台和舞台，孩子们排演剧目，演绎快乐人生。

苏青的童年，那些鲜为人知的点滴故事，一幕幕地出现在《苏青阿姨与冯家》一文中，似一串串沉香的珠链轻轻地拨弄着，颗颗塞窣在响动，从幽深的时光隧道中远远地传来，丁零零一串串地落下。

谁会对一位去世近半个世纪的老人记得如此清楚，包括她的经历，她的童年，她的性子，且极力地呼吁政府保护她的故居，她会是谁呢，与苏青有着怎样的关联？

她叫徐芳敏，台湾大学中文系教授，《苏青阿姨与冯家》便是出自她的手笔。她与苏家有着千丝万缕的牵扯，与苏青也有着剪不断割不掉的亲情关系。她的母亲与苏青是堂姊妹，她也就是苏青的侄女了。

在徐芳敏的强烈呼吁下，在海内外朋友们的声援下，冯家村这棵"梧桐树"依旧等"有凤来仪"。这里的山山水水在江南的风雨中苍翠欲滴，古老的石库门静默在岁月的侵蚀中，匾额、对联也在时光里散漫着香凝醇厚的墨韵。

2010年3月5日，徐芳敏在《苏青阿姨与冯家·后记二则》补充道："本文作者撰写此文，固然为了'叙述苏青阿姨鲜为人知的家世、生平二三事'。也希望藉此文，敬谨请求浙江省宁波市政府：基于'保存中华民族共同历史文化遗产——三十年代女作家苏青故居宁波鄞州区石契镇冯家老宅古建筑群'……敬请停止'拆除冯家老宅古建筑群'的计划！"

冯家村，苏青的故乡，一个梦的代名词，却也是千千万万海外游子的梦的呢喃。

# 第三章　乡野囡囡

但是，我是个贪玩的孩子，有时候郑妈掌烛进了正房，我却拖住外婆在天井里尽瞧星星，问她织女星到底在什么地方。暗绿色的星星，稀疏地散在黑层层的天空，愈显得大地冷清清的。外婆打个寒呼，拿起旱烟管指着前进过继舅舅的楼上一间房间说着："瞧，外公在书房里读书做诗呢，阿青不去睡，当心他来拧你。"

——苏青

张爱玲说："她有着简单健康的底子。"

这话，说与苏青，是对她极好极好的褒奖和肯定。这样的评价，之于张爱玲是难能可贵的。

像张爱玲这样玲珑剔透的女子，骨子里多是疏冷的，看待人事较为苛刻，眼光犀利且独到，不易走眼。

苏青这种"简单健康的底子"从何而来？

在纷繁芜杂的现下，寻"简单"不易，觅"健康"也不易。腐蚀的土壤，污浊的空气，混乱的吵闹，成千上万的人活在忙忙碌碌中，奔跑在来来回回里，哪有"简单"，何曾"健康"？或许，寻一块净土，享受心灵深处的简单快乐，享受一种健康的简单生活，也是奢求和梦想了，谁能真正地放下呢。

而张爱玲阐述的"她有着简单健康的底子"，那这底子是怎样得来的呢？

这得循着乡野、溪涧、山林，循着一枚白月光，循着温暖的熹微，循着明眸的日子，去山那边外婆种植的蓝天碧水下探寻一片"安好晴天"，那六年的澄澈时光，苏青的骨头里是如何长出了花蕊的，那么纯净而鲜妍。

苏青对外婆的情感和思念，全都在一篇《外婆的旱烟管》中道出了。睹物思人，外婆从缭绕的烟雾里走了出来。

苏青说："外婆有一根旱烟管，细细的，长长的，满身生花斑，但看起来却又润滑得很。""外婆用不着拐杖，她常把旱烟管当做拐杖用哩。每天晚上，郑妈收拾好了，外婆便叫她掌着烛台，在前面照路，自己一手牵着我，一手扶住旱烟管，一步一拐地全进屋子里视察着。""我是个贪玩的孩子，有时候郑妈掌烛进了正房，我却拖住外婆在天井里尽瞧星星，问她织女星到底在什么地方。暗绿色的星星，稀疏地散在黑层层的天空，愈显得大地冷清清的。外婆打个寒呼，拿起旱烟管指着前进过继舅舅的楼上一间房间说着：'瞧，外公在书房里读书做诗呢，阿青不去睡，当心他来拧你。'"

一言一语全是外婆，梦里梦外都是外婆，苏青和外婆，外婆和她的旱烟管，细细长长地直接伸进了苏青幼小的心房上，轻轻一点明火，烟丝便呛开去，外婆在雾霭中有条不紊地掐着烟丝，吸着老烟，她和苏青静默在这幽深的夜色里，阁楼上似乎还有窸窸窣窣的脚步声，偶有洪亮的吟哦拔地而起，外婆说，那是外公又作诗了，他是诗痴。

能和冯丙然结成儿女亲家，据说因为冯丙然也喜好诗歌，两亲家因有共同的语言和爱好，促成了儿女婚事，倒是美事一桩。这冯丙然虽曾中举人，但对不第秀才苏青的外公颇为欣赏，两人思想开化，尊重女子教育，主张女子上学堂，支持女子做学问。这样的教育主张，自是冯丙然所期许的，未来的儿媳妇也是读书之人，与儿子很是匹配呢。

因此，苏青能受到良好的学习教育，与家庭的教育主张是分不开的。尽管小时候的苏青非常调皮，让家人头痛，但冯丙然却表扬苏青道："这孩子并不顽劣，都是你们不知循循善诱，她的造就将来也许还在诸兄弟姊妹之上呢！"这表扬听起来似乎有些为孙女辩解了，但后来的事实却也如此，冯丙然看人、识人，目光如炬。

说到顽皮，这与苏青在外婆家潜移默化养成的性子是分不开的。

苏青外婆的家在离县城五六十里地的小山村中，待苏青被送到外婆家寄养的时候，外公已经去世，留下一群女人：外婆、婆姨、老妈子、奶妈，这是一群女人的世界，加上乡里邻居的女人串门子，苏青小时候简直就是生活在一个"女儿国"里，在长辈们的宠溺下任性放肆地生活着，很是惬意。不久，这种美好被打破，外婆给过继的儿子娶了一房媳妇，日子便热闹起来。

苏青这位舅妈好妒，多事好事，性子张扬，又喜好制造一些是是非非。苏青在外婆家是极度受宠爱的，乖巧聪明的她自然成了女人们的"逗乐"对象。久而久之，这位爱嫉妒的舅妈便心生了计谋，将一些骂人的脏话悄悄地灌输传授给苏青，然后不懂何意的苏青清清脆脆地便说了出来，有些是骂外婆的，有些是骂婆姨的，逮着她们的"痛楚"说，都是些非常难堪的话。按说外婆会先教训苏青，才会去寻"源头"处理此事，但聪慧冷静的外婆并没这样做。她知道这不是一个孩子能知道和编排的是非，后面一定有人怂恿，去骂孩子正中他人计谋，另则，她也是爱护自己的外孙女，决不允许她受半点伤害。经过调查，一切水落石出，这都是新进门的儿媳妇搞的鬼，而其中原因便是苏青在这个家中太得宠爱。苏青外婆这下火气大了，本来对这位不太会做人的儿媳妇还算包容，对她那些不入流的作风做派睁一只眼闭一只眼就算了，却不想她向年幼的孩子下手，这次可不能饶了。

于是，苏青的外婆召集族里长辈开会，一起来决定儿媳妇的去留，一致意见是休了苏青的舅母。最终，在苏青舅母娘家人的苦苦求情下，才了了此事。由于这次的事情闹得太大，苏青的母亲也赶回了娘家，之后苏青被母亲接回了祖父家，时年六岁。而当时的苏青并不知晓外婆家为何如此热闹，还杀鸡宰鸭的，高兴得四处蹦跶，开心不已。

外婆对苏青的爱太过"纵容"，让她肆意成长，回到冯家后，她还能如此无拘无束吗？

祖父家是一个兴旺发达的有着传统礼仪的大家庭，金房玉房里里外外都是叔叔伯伯婶婶堂兄弟姐妹，好不热闹的环境，苏青虽喜欢，但适应吗？在小山村生活的这几年，苏青是一只放养的小马驹，欢快，无羁，撒蹄子飞奔在乡野间，她是一个不喜欢约束，好动好想的小囡囡，她真能依旧欢畅如从前？

"我很怕见他的脸孔，有时候他挑着谷子进仓去了，我正在仓中玩呢，他便连声怒喝：'还不快滚出去！滚！'气得我连连顿足骂：'老东西不要你讲话！'但也不敢不让开，否则给他撞倒了可不是玩的。'快出去!'他把谷倒在地上又回过头来驱逐我了,我恨恨地只得走出谷仓,但也不甘就下去,只在门口张望,天报应,他在咳啥呢,咳得很重而且是连声的,额上青筋暴涨,像是喉头很难过,不禁伸进两三只手指去捏,呕出来的都是鲜血,天哪!他似乎也吓着了,连忙用穿草鞋的脚一阵乱擦,手指上的血顺便抹在仓壁上,横涂竖擦都是,惊回头瞧见我还在张望,便又端着叮嘱我说:'别去告诉祖父母呀,我要做活,他们知道了不答应呢。'"这是苏青《河边》一文中的一段有趣对话,真是心直口快,骂人毫无遮拦,像是在外祖母家一样,想说就说,一吐为快。这样的情节,苏青走笔写来,活灵活现的,那股子真实劲和调皮劲跃然纸上,让人忍俊不禁,好一个无法管束的囡囡啊!这淘气可爱的孩子,让管教她的祖父母如何办呢?

　　在任何一个时代,一个家庭中,培养后代都是重中之重的大事。于是,苏青的教育问题,就成了祖父母的心头事,是顺其自然发展,还是严厉约束她呢?

# 第四章　慈爱如饴

有时候豆酥糖屑末贴牢在我的耳朵或面孔上了，祖母在第二天发现后便小心地把它取下来，放到自己嘴里，说是不吃掉罪过的。我瞧见了便同她闹，问她那是贴在我脸上的东西，为什么不给我吃？她给我缠不过，只好进去再拆开一包，撮一些些给我吃了，然后自己小心地包好，预备等到半夜里再吃。

—— 苏青

都将慈爱作酪酊。

人生中，有一种最易被灌醉的感动，莫过于挚爱亲情的永生守护。它在时光里，是温温的，清浅的，不经意的，却又是最持恒的，永固的，不容置疑的。

苏青说："犹豫着，犹豫着不到十来天工夫，终于把这些豆酥糖统统吃掉了。它们虽然已经潮湿，却是道地的山北货，吃起来滋味很甜。——甜到我的嘴里，甜进我的心里，祝你健康，我的好祖母呀！"

一声"我的好祖母呀"喉哽在心田上，凝咽而泣。

那些少年时的快乐，甜蜜，悠哉哉的，一点点地从时光中慢慢浮出来，它们丁点儿闪在祖母的布帐子上，扑簌簌掉下来。于是，甜腻腻的"豆酥糖"扑鼻而来，散发沉醉的酥脆脆味道。

"祖母鼾声停止的时候，她也伸手去摸板上的吃食了。她在黑暗中摸索的本领可是真大，从不碰撞，也从不乱摸，要什么便是什么。"这是多么有趣的一个老人，半夜"偷吃"吃食，"偷吃"时还神不知鬼不觉的，睡梦中也能做到快、狠、准，下手绝不含糊，虽双眼紧闭，但照样能使出"眼疾手快"的绝技，招招在行，次次得手。一个调皮而可爱的祖母，影印在苏青细腻、温情的笔触下，犹如在眼前。

她是苏青的祖母，何尝不是外乡游子心中的祖母呢！

每一位祖母，她们额上皱褶的光阴，都是温润的，细微的，清凉的，有淡淡红晕的，伴着温情的月光如水。其实，每一位祖母也是热烈的，活泼的，她们和孩子们一样单纯，心性"稚气"。"老小，老小"，苏青是这样描述自己祖母的孩子气的。

"有时候她摸着一数发觉豆酥精少了一包，便推醒我问，我伸个懒腰，揉着眼睛含糊回答：'阿育不知道，是老鼠伯伯吃了。'可是这也瞒不过她的手，她的手在枕头旁边摸了一下，豆酥糖被窝里都是，于是她笑着拧我一把，说道：'就是你这只小老鼠偷吃的吧！'"

这祖孙俩，真乃"吃货"也！吃得特别，吃得有味，吃得欢畅，吃在大凉床上。

于是，可以想象出一幅画面来，黑黝黝的夜色里，冷不丁地伸出一只"贼手"，贼手"轻车熟路"地摸索到"老巢"，轻而易举地利索地拿下"宝贝"，并在"猎人"的鼻子眼下，肆无忌惮地欢快地吞噬下"战果"，而后，神不知鬼不觉地撤出"作案现场"，一切瞬间又恢复如初，鼾声宁静，木格子窗上的老时光,一切如昔。

小时候,苏青与祖母这样的夜间游戏,总是充满了乐趣,欢声,笑语,犹如一出动感快乐的儿童剧目。苏青狡黠,祖母智慧;苏青是"馋猫",祖母似"老鼠";"螳螂"苏青在前,"黄雀"祖母殿后,丛生无限喜乐。这世间的情爱,有什么能比得上长辈们的疼爱呢。

正是这样的生活环境、成长环境、学习环境,才造就了苏青真诚、直性、热烈的性格。

吾家有女初成长。据说一个人成长的阶段,几个年龄段最重要。

1—3岁,是孩子的意识启蒙期,孩子对外界的感知、悟性、直觉,源自于对颜色、动静、气味等的分辨。这时的孩子,是接受一切的,灌输什么,他们就接受什么。在亲情的爱抚下,声、色、味循序渐进地诱导,可以定格他们早期的性格特征,使智力得到最原始的开发。到了6岁,他们进一步感受到了来自于家庭、群体、社会等的各种影响,有了自己的看法、意见、知识,虽然还不成熟,但是思想已然独立。孩子的最后开发期,是在12岁前全面完成的,直接影响到一个人的一生。

这样看来,苏青的性格养成和情商开发,在与外婆在一起的时光中,是智力最佳的成长期。而与祖母同乐的日子里,则是个性的有利形成期。8岁后直至再回到浣锦乡前,与父母在城里相处的一段光阴,由于特殊的生活和教育背景,让苏青潜意识里对婚姻生活充满了疑惑和恐惧,有了最终"娜拉"式的出走。

苏青顽皮,性直,刚毅,韧劲,从祖父、祖母、外祖母身上汲取的养分最多。

外婆给了苏青"由着性子"撒野的心胸敞亮，祖父影响着苏青"书写天下"的豪情和激情。

而苏青最亲爱的祖母，她在苏青眼里永远是："长挑身材，白净面庞，眉目清秀得很。"曾经该是怎样的一位佳人，到了暮年，依旧容颜清丽，身姿修长，令人赏心悦目。或许，小家碧玉，大家闺秀也就如此吧。苏青由内及外的慧中气韵，有没有祖母的影子呢？不得而知。但从苏青《豆酥糖》的描述中不难看出，祖母的人生信条和生活理念，与众多的祖母相同，却又有一定差别。

她说："我的祖母天性好动，第一就是喜欢动嘴。清早起来，她的嘴里便唠叨着，直到晚上大家去睡了，她才没奈何只好停止。嘴一停，她便睡熟了，鼾声很大。有时候我给她响得不要提了，暗中摸索起来，伸手去偷取板上的吃食。板上的吃食，总是豆酥糖次数居多。于是我捏了一包，重又悄悄地躺下，拆开包纸自己吃。豆酥糖屑末散满在枕头上，被窝里，有时还飞落过眼里，可是我不管，我只独自在黑暗中撮着吃，有时连包纸都扯碎了一齐吞咽下去。"

她继续道："于是我们两个便又在黑夜里摸起豆酥糖来，她永远不肯在半夜里点灯，第一是舍不得油，第二是恐怕不小心火会烧着帐子。她把豆酥糖末子撮一些些，放进我嘴里，叫我含着等它自己溶化了，然后再咽下去。'咕'的一声，我咽下了，她于是又提起一些些放进嘴里来。这样慢慢的，静静的，婆孙俩是在深夜里吃着豆酥糖，吃完一包，我嚷着还要，但是她再不答应，只轻轻拍着我，不多时，我朦胧入睡，她的鼾声也响起来了。"

这祖孙可谓是一对"奇葩"，晚上偷嘴的境界不可谓不高，情趣盎然，颇有心得。

苏青还说道："我们从不整理床褥，豆酥糖屑末以及其他碎的东西都有，枕头上，被窝里，睡过去有些沙沙的，但是我们惯了……有时候豆酥糖屑末贴牢在我的耳朵或面孔上了，祖母在第二天发现后便小心地把它取下来，放到自己嘴里，说是不吃掉罪过的。我瞧见了便同她闹，问她那是贴在我脸上的东西，为什么不给我吃？她给我缠不过，只好进去再拆开一包，撮一些些给我吃了，然后自己小心地包好，预备等到半夜里再吃。"

这样的情节，犹如一场小话剧，人物个性特征栩栩如生就如眼前了，祖孙俩的逗乐从肢体到语言再到场景等，机警的神态，直叫人开怀捧腹大笑。

当苏青咀嚼着祖母从家乡捎来的"豆酥糖"，脆生生的一口，那便是祖母的味道，有甜甜的宠溺溢满心田。

唐人杜牧诗云："远梦归侵晓，家书到隔年。"古往今来的游子，无论在何时何处，心系的乃是门前雁字来时，微微风儿中呢喃的浓烈乡音乡愁。那是化不开的结，解不了的扣，没有人能摆脱这"蛊"惑。于是便随着岁月，伴着时光，在泛黄中老去，不停不歇。

# 第五章　小"话痨子"

　　所以为儿童的幸福着想，有一个好父亲是重要的，否则还是希望索性不要父亲，而母亲必须有相当的职业收入才是。

——苏青

　　祖母和苏青有一个"宝库"，"宝库"中，不是金银珠宝，不是玩具布娃娃，其实也不是藏匿了零嘴豆酥糖这么简单，那是祖孙俩一个秘密的基地，垒砌了堆积如山的欢声笑语，是她们快乐的源泉，喜乐园。

　　夜深人静的时候悄悄起来"偷嘴"，捡拾大凉床上的豆酥糖屑，抢食腮帮子上黏着的豆酥糖粒，这你争我夺的游戏，祖孙俩乐此不彼地日日继续着，直到有一天，他的出现，让苏青告别了那些天真有趣的童年时光。

　　他是苏青的父亲，名冯浦，字松雨。一位越洋赴美的留学生。

　　说到留美，其前因后果还颇多，也十分精彩。不得不说，能出国深造的，一定是一位出类拔萃的人才，才会赢得这个大好机会，何况，还是一个公派留学的机遇呢。

这样的大好事，怎么就碰巧让冯松雨给赶上了？

苏青曾道："当我呱呱坠地的时候，我父亲就横渡太平洋，到哥伦比亚大学去'研究'他的银行学去了。"

1914 年，是冯松雨的祥和发展年。先是上天送与他一位可爱的"千金"，然后是上苍再次眷顾他，赠予他一次绝佳的人生发展机会。留学镀金可不是人人都能有的，没有殷实富足的家庭背景和先进开放的家庭理念，留洋谈何容易，何况这是一次全"免单"的学习旅行，机会不是谁都能有的。

对于这样的深造契机，有才情的中华儿男是极其渴望的，不过，站在当时的清政府的角度来体味，却是耿耿于怀的伤心事。

1900 年夏天，慈禧太后被八国联军吓得仓皇逃出了北京城。八国联军的烧杀抢掠，不但没有激起清政府的抵抗精神，反而吓得清政府在次年九月与侵略者签署了丧权辱国的《辛丑条约》，并被敲诈勒索了 4.5 亿两的白银赔款。如果按照当时的人口来做一个推算，每一位中国人要赔上一两白花花的银子。这是一个多么可悲的卖国签约啊！条约要求从 1902 起至 1940 年止，中国用 39 年还清赔款，这其中还有 5.32 亿两银子的利息，总计 9.82 亿两白银。其中，美国分得了 7% 的赃款。对于这个赃款，一位在中国传教、经商，名叫史密斯的美国人向美国总统提议了一项非常前卫的想法，而这位美国总统竟然欣然应允，答应退还赔款，作为中国建立学校和派遣留学生的"基金"。苏青的父亲冯松雨就是 1914 年这一批被选送的青年才俊。

美国人傻了，将得手的银子扔还中国？

有人给出了可能性答案："如果美国在 30 年内能将中国青年学生吸引来受美国教育，那么我们现在就已经能够在知识与精神上圆满而巧妙地支配中国的领袖，控制中国的发展了，为了扩大精神的影响，牺牲点银子是值得的。"这项提议的人是美国伊利诺大学校长詹姆斯，他对史密斯的想法极其赞赏并鼎力支持，这就有了一批接一批的中国留学生在美国的深造，不明缘由的人还以为是美国人"通情达理"地为中国培养未来的人才。其实这就是一种精神侵略，将中国英才俊杰的思想引向西方的思维模式，洗脑中国传统的固有的精神理念，这一招不可谓不高。

在苏青出生三个月后的一天，1914 年 8 月 15 日，冯松雨踏上了驶往大洋彼岸的"中国号"游轮，同行的有后来成为教育学家的陶行知、陈鹤琴等人。他们在海上领略了从未有过的风光，也品尝了各种美味佳肴甜品，海上旅行是风风光光，也令人开心忘怀的。最后，他们抵达了美国久负盛名的哥伦比亚大学，开始了几年的留学生涯。

苏青五岁时，冯松雨取得哥伦比亚大学经济学硕士学位回国，到了汉口的中国银行做事，后来再升职跳槽到了上海的银行做经理。

父亲的升迁，无疑给这个家庭带来了希望，稳定的职业和不菲的收入，也促成了一家人团聚的有利条件和时机。其中，还包含着几个小小的原因。祖母对苏青的溺爱，已经到了让冯松雨无法容忍的地步。婆孙俩"不知饱"的偷吃，不讲卫生的吃住行为，苏青野性放任的性子，都让冯松雨担心这孩子的将来，会受到这些没规没距的因素影响。而且，在浣锦乡下的苏青，从小是一个"话痨子"，让外婆操了不少心，也让同住屋檐下的冯家人笑话了不少。

6 岁前在外婆家因为舅母起心乱授脏话的缘故，不懂事的苏青已经引起了一出骂外婆、骂姨婆的闹剧，当时差点酿成了一次不大不小的家庭"公案"，正是如此，母亲才将苏青从外婆家接回，好在跟前加以管教。但是，调皮野性的苏青，依旧改不了大大咧咧的性格，"口无遮拦"地有什么说什么，兴致来了，尽拣一些冯家孩子没听过的新鲜事吹起来。

她说："自从加入了一个刚从山乡里跑出来的野孩子后，情形便不同了，弟妹们都学会了'娘的X'，哥哥姊姊也都对桃子山金柑山心向往之。我见众人都没我见闻广，更加得意洋洋，整天大着喉咙讲外婆家那面事情给他们听，什么攀野笋哩，摸田螺哩，吃盐菜汁烤倒牛肉哩，沙婆那里没处买牛肉，也舍不得把自己耕牛杀了吃，只有某家的牛病亡了时，合村始有……伯姆姊娘仆妇等都掩口而笑了，我也得意地随着笑，母亲却深以为耻，黄打数次，仍不知悔改，气得牙齿痛，饭也吃不下。"

从前在外婆家，苏青被唤作"小鹦鹉"，是典型的小话痨，自从回到冯家，苏青确实"死性不改"，众邻里的笑话让母亲怎能挂得住脸儿，也打骂过，但是，收效甚微。只有祖父对苏青有着不同的爱护。苏青说，"还是祖父把我叫过去跟他们住，每天和颜悦色地讲故事给我听，这才把我说话的材料充实起来，山芋野笋及"妈的X"也就不大提起了。我听故事非常专心，听过一遍就能一句不遗地转讲给人家听，于是祖父很得意地把着短须道：'我说这孩子并不顽劣，都是你们不知循循善诱，她的造就将来也许还在诸兄弟姊妹之上呢！'祖父的话是有力量的，于是众人不但不笑我村气，还都附和着赞我聪明，那时母亲的牙齿当然不会痛了，还写了封信给父亲，父亲也很欢喜。"看来，同一件事，因不同的方法，不同的人处理，效果却大相径庭。威望高的祖父一句话，就确定了苏青未来似的，都在

"兄弟姊妹之上呢"，这该是多么敏锐的眼光啊！不能否认，这些话有鼓励苏青的意味，但是，更多的是祖父有一双洞悉世事的眼睛，非一般人能比。苏青骨子里的要强性子，聪明智慧的领悟力，还有动手动嘴动脑的能力，是一般孩子不及的。祖父的话不无道理。

总归，桀骜不驯的苏青像乡下的一匹小马驹，没有缰绳，会成为野马，这是对苏青抱有幻想的父亲不能忍受的。

冯松雨对苏青最大的愿望就是成为一位公使夫人。当然，公使夫人不是这么轻而易举能攀上的，不是大家闺秀必是城市丽人，苏青现在的撒野样子，怎能成为冯松雨心中的才情兼备、温婉内秀的女儿呢？所以，立即将苏青接进上海从头培养才是硬道理。

到了上海后，苏青平时在一个弄堂小学上学，晚上的时候，应酬无数的冯松雨便会叫妻子将苏青打扮成"花蝴蝶"似的，一并与他参加各种应酬活动，这对生性好动的苏青来说，内心是欢喜的。

起初，"父亲常叫我喊黄伯伯张伯伯，在客人前讲故事唱歌，'这是我家的小鹦哥呢！'父亲指着我告诉客人，客人当然随着赞美几声，母亲温和地笑了。"苏青《说话》中描述到，刚带到朋友们中间时，苏青的大方可爱，给父亲赢得了面子，贴了金。但慢慢地，苏青的"痼疾"露馅了。话痨子的习惯依旧我行我素，她是这样理解父母对她的认识的："渐渐地这个失望滋味连父亲也尝到了，不是在扒半湘园饭上时间'这里怎么没有野笋？'就是在吃血淋淋的牛排时间'这个是不是盐菜汁烤的？'当着许多客人，父母忙着支吾过去，那种窘态是可以想象的。这样的参与四五次后，父亲就失望地叮嘱母亲道：'下次不

用带她到外面去了，真是丢人！以后话也不准她多讲，女子以
贞静为主……'于是，花蝴蝶似的衣服就没有穿了，每晚由仆
妇督促着念书写字，国文程度好了不少。"

或许，"失之东隅，收之桑榆"，苏青不再陪伴父母应酬，
却在图书中、童话中找到了自己的兴趣爱好，也找到了学习的
真正乐趣。

"小鹦鹉"苏青，静了下来，真正地读书写字，提高了各方
面素质，慢慢成为了真正的才女佳人。

# 第六章　裂帛深种

那么，你呢？还不是外婆给你读到十来年书，结果照样坐在家里养养我们罢了，什么希望不希望的。

——苏青

有人将张爱玲的母亲黄逸梵誉为出走的"娜拉"，不但勇敢地摆脱了婚姻的枷锁，而且大胆地走出了国门，并在大洋彼岸找寻到真爱。张爱玲的母亲是前卫的、果敢的、热烈的，她的一生只为自己而活，尽管她的做法给自己的孩子们带来了难以磨灭的伤痕。但是，为自己活一把，她大体上是做到了。

大多数人说苏青是幸福的。年幼时有外婆的摇篮曲，童年有祖母的豆酥糖，还有祖父的开明教育和耐心引导，以及七大姑八大姨的关爱，这些都是苏青幼年最真切拥有过的亲情真爱。

如此而言，张爱玲得到的亲情爱护确实不能与苏青同日而语。最疼爱张爱玲的大抵只有她的姑姑张茂渊了，祖父母、外婆外公之于她太过遥远、缥缈，父亲太不"争气"，徒留一地伤悲，父女成仇。

苏青也痛恨极了父亲，与张爱玲对父亲的态度相比，有过之而无不及。

怎样的怨怼，让苏青一生都无法原谅父亲呢？

苏青和父母生活在一起的日子，在大上海熙熙攘攘的人来人往中，她早早地看透了人世间的许多不如意，以及人与人之间的情感纠葛。父亲的花天酒地，母亲的软弱迎合，让成家后的苏青无法摆脱父母失败婚姻的影子，潜移默化里促成了后来苏青的"娜拉"式出走。

苏青的母亲有着非常幽雅的一个好名字，姓鲍名竹青。竹乃高洁之物，青是希望，青是常绿，这名字取义高远，生机无限。

这人世间，不可能有谁料事如神，也没有人能将未来揣算得一清二楚。自己的一片天空，极力争取，还是认命了事，或者顺天由人，每一个人的选择不同，结果也会千差万别。

有些情感，是点燃了岁月，还是慢慢地蹉跎了苍老，或者在苍老中失去了自我？其实，都不得而知，往往要走到终点处，才会显现真正的结果。

苏青父母的结合是典型的旧式婚姻模式，父母包办，一切由父母做主。其实，他们的父亲都是当地有影响力的人，也是学问之人，有眼光，有学识，有能力，自然对这一桩婚事是充满希冀的。至少他们觉得门当户对才是毋庸置疑的好姻缘。但是，就是这么一对璧人，却没有白头偕老。

也许是受了国外生活理念的影响，加之冯松雨在银行做投资生意，凭借渊博的知识和超前的目光，顺风顺水赚了不少钱，从而导致他行为意识的"超前"。不但平时吃酒、赌博、狎妓，长期出入娱乐场所，甚至包情人，养二奶，凡是一个男人能享乐的项目，他几乎没有遗漏。这肆无忌惮的日子，他过得潇洒、风流，无不尽欢。但是，身体不是"金刚石"，事业不是"铁饭碗"，银行的倒闭，让他心理受到打击的同时，身体也垮掉了。这样，正值壮年的冯松雨丢下妻儿老小，撒手人寰了，那个时候，苏青仅仅 11 岁。鲍竹青成了年轻的寡妇，拖着半大的孩子，支撑着残破的家庭。

不得以，鲍竹青带着孩子们回到了浣锦乡的老家生活。

其实，当初苏青出生后，冯松雨去了美国留洋，而鲍竹青选择了就读师范学院。夫妻二人没有因为孩子和家庭而抛下对理想和美好未来的追求。特别是鲍竹青，作为一个女子，一个刚有孩子的少妇，居然获得了公婆的同意，再次入学学习，这对尚处于封建社会的旧式家庭来说，是难得的，也是幸运的。

冯家对于男女地位的态度，对男女平等的基本认识，是超前的、开明的，也付诸在行动中，这才有了鲍竹青的继续深造。这种良好的教育氛围，一直在冯家大院中延续，苏青也是得利的冯家女子之一。

可是，即使是这么一位饱读诗书、知书达理的新式女子，对于丈夫的胡作非为，也一直是忍气吞声，睁一只眼闭一只眼，除了夜夜垂泪外，她还能做什么？

当然，这种郁结下她还会做许多事情。侍奉年迈的公婆，照顾年幼的儿女，伺候酒鬼丈夫，做好琐碎的家务事。

她对老人好，是孝敬，应该的，同时或能博得公婆的同情。她对儿女好，是一种责任和义务，是必须，是作为母亲义不容辞的责任。她对丈夫"好"，或许，只是期待他在某一刻能幡然醒悟。

对于性格软弱的鲍竹青来说，她从没觉得该找丈夫谈一谈，或者闹一闹，更别说一拍即散。她做不出这些"大逆不道"的事情来，只有守着不争气的丈夫，日日流泪罢了。

鲍竹青也气恼过，那是丈夫去世多年后，自己也有外孙女了，她曾对苏青说："告诉你吧：我为什么仍旧坐在家里养你们？那都是上了你死鬼爸爸的当！那时他刚从美国回来，哄着我说外国夫妇都是绝对平等，互相合作的，两个人合着做起来不是比一个人做着来得容易吗？……他在银行里做事，我根本不懂得商业，当然没法相帮。我读的是师范科，他又嫌教员太没出息，不但不肯丢了银行里的位置来跟我合作，便是我想独个去干，他也不肯放我出去。他骗我说且待留心到别的好位置时再讲。……我自己喂奶，一天到晚够忙的，从此只得把找事的心暂且搁起，决定且待这个孩子大了些时再说。哪知第二个，第三个接踵而来，我也很快地上了三四十岁。那时就有机会，我也自惭经验毫无，不敢再作尝试的企图了。可是我心中却有一个希望，便是希望你们能趁早觉悟，莫再拿嫁人养孩子当作终身职业便好。无论做啥事总比这个好受一些，我已恨透油盐柴米的家庭什务了。"

这些真实的想法，鲍竹青在偶然间迸发出来，可是这时已无用了。

做女人难，做女人苦。做旧社会的传统女人是难上加难，苦上加苦。毕竟，民国社会还是一个男人在家庭中占主导的封建时期，鲍竹青想在社会中找工作立足，非常有挑战性，那时的职业岗位基本向男人倾斜，女性想谋求一职多半艰辛。

冯松雨过世后，家里的经济支柱倒了，天塌了，孤儿寡母只得回到那个叫冯家村的地方，毕竟，那儿有亲人，有祖业，有希望。

冯松雨过早的离世，不但让家人饱尝了天人永隔的苦楚，还造成了家庭诸多后遗症。无独有偶，苏青后来也是早早地订婚，早早地结婚，早早地生养孩子。她婚后不幸福，也是苦撑了十年，最终还是走上了离婚的道路，独自抚养几个年幼的孩子，与这时的鲍竹青有什么区别呢？

如果冯松雨在世，决计不会轻易地嫁掉女儿，让苏青走上一条艰难的生活之路，一生坎坷，艰辛。在婚姻问题上，苏青果决、自立，母亲鲍竹青却退让、苦守，这就是母女俩对待破碎婚姻的不同之处。

一生中，苏青都无法原谅父亲。她说："从此男孩大起来对家庭失去兴趣，女孩大起来简直不肯相信男人了。他们及她们的将来结婚幸福从此就有了黑影。"

她还说："为儿童的幸福着想，有一个好父亲最重要，否则还是希望索性不要父亲。"

这是多么决绝的言语，也只有苏青敢说敢言，敢爱敢恨了！

冯松雨曾给苏青烙印下的伤痛，或许不似张廷重留与张爱玲的来得那么直接，但是同样深刻，同样是难以磨灭的累累刻痕。

# 第七章　掩卷·纯真年代

　　童年是一支遥远的老歌。在那东山顶上，在山花烂漫间，在徐徐清风里，蒲公英飞呀飞的，从东飞到西，从西追到东，它们呀，与燕尾蝶一同穿越时光海，穿越云层，一同认取梦的方向，它们忽闪忽闪的，点亮憧憬，点亮未来，勇敢地一次次飞翔，飞翔。

　　童年是一串斑斓的珠贝。洁白轻轻地拍打着滩涂，拍打着月光，拍打着幽蓝的海韵，当潮汐来，风浪来，归航的人回来了呀！于是，码头上沸腾起来，风帆、汽笛、欢声，远远的，一些熟悉的身影穿过人潮人海，穿过人声鼎沸，穿过熙熙攘攘，渐行渐近。

　　童年是一首旖旎的诗行。青涩萌萌地在发芽，在燕儿的呢喃中，在一米阳光里，在清澈的溪涧旁，在空谷、森林、草甸，在回响的天际，四面八方的清音娓娓徐来，它游走在春晖的心上，它试图撬开春的喉梗，它走进融融的明媚中，一同歌咏春的交响。

　　童年，是一帧信手涂鸦的小人儿连环画。

　　童年它爱天真的激荡，它从蓝莹莹的瞳孔中，撷取青青的梦幻。

从童年的心底，可采摘圣洁，可写意青葱，可素描金色，亦可抵达月光的深处……

当短笛，老牛，炊烟，犬吠，斑驳的黄昏，日复一日走向古老的门楣，有些回忆便从春联中跳下来，童年，回来了！

于是，流光肆意，一切遥远不再遥远。祖母的鼾声，外婆的笑骂，祖父的教诲，外公的轻吟，那些泛黄的故事，线索一点点地剥落。

于是，关于童年，关于童年里鲜为人知的人、事，慢慢地活泼起来。

纯真年代，诗意葱茏。

我听见音乐，来自月光和胴体
辅极端的诱饵捕获飘缈的唯美
一生充盈着激烈，又充盈着纯然
总有回忆贯穿于世间

我相信自己
死时如同静美的秋日落叶
不盛不乱，姿态如烟
即便枯萎也保留丰肌清骨的傲然
玄之又玄

——泰戈尔

# 第一章　少年轻愁

可怜的孩子呀！他每星期六下午不回来的原因，不是恐怕荒废学业，只是图省这十几个铜板的航船费。——直到他放假回来时，身上已经生满白虱了。

——苏青

少年不知愁滋味，或许是未到穷困潦倒时的伤心处吧。

苏青说："可怜的孩子呀！他每星期六下午不回来的原因，不是恐怕荒废学业，只是图省这十几个铜板的航船费。——直到他放假回来时，身上已经生满白虱了。"

这个可怜的孩子，他是谁，为何这般的模样？周身分明还活蹦乱跳着一只只白生生的虱子，如此情景，难免会让人联想到电视剧中演绎的某个画面，蓬头垢面的乞丐，静静地坐在太阳下的某一隅，慢慢捉着虱子的情景。因为穷，衣服不能换洗，汗迹、赃物、气味日积月累地发酵便会生出了这般的"虫子"来。

原来，这是穷人才能拥有的"特殊待遇"，由此可见，这孩子家境并不宽裕，甚至极其困难。但苏青说的时候，似乎风轻云淡地在对岸看着他，娓娓地诉说着一个与己无关却眼见为实的无奈故事。

这可怜的人儿他不是别人，恰是苏青的胞弟，血肉相连的亲人。苏青如实道来，却那么理性、自然，仿佛这一切的发生是理所应该的。到底是怎样的生活磨难，让苏青弟弟如此困顿，小小年纪，就懂得了省吃俭用？为了节约十几个铜板的船费，他不得日日守望码头，期待某一次某一个背影突兀地出现，带来温暖，带来果子，或者几个鸡蛋。

苏青说："'没有。'我弟弟摇头。半晌接着问：'妈妈几时才上城呢？'正才公公当然不会知道我们的妈妈几时要上城，几时可以经过弟弟的学校，也许带着十只鸡蛋之类去瞧他。弟弟住在校里，天天想家，所以天天到河埠头来等航船。他虽然不能就搭航船回来，但是只要见了正才公公，以及船舱中，船梢头坐着的堂兄弟、族叔伯之类，也就可以稍慰旅怀了。"

这个十岁的娃娃，小小的祈盼，那么简单、卑微、热切，却是次次的转瞬成空，没有那一抹熟悉的身影惊喜地出现。

希冀总是遥远的，浩渺的。

其实也不远，它在浣锦乡，在每一次渴望的脉动中。

这个少年的成长，是从懂得开始的。懂得为家庭减负，懂得为母亲分忧，懂得将苦和难埋藏于心间。苏青何尝不是呢！

苏青的文字，总是赋予读者轻松的阅读体验。不管是大快朵颐的时事批判，还是讲述故乡的碎碎叨念，或是像这样的哀怨酸苦之事，她能将这些如实写来，而且说得热热闹闹，原汁原味的，原本属于哭哭啼啼的怨怼情绪，经她一勾一勒，却有了不同形式的呈现。

不呐喊，不呼唤，不骂咧，字字句句都是铿锵有力的情理直言。

　　苏青说："记得我们有父亲的时候，家中常是阴沉沉的。父亲回来的时候总是恶狠狠地，也不知在怨谁……害得我们孩子家也不得高兴。后来，我们的父亲死了，我们又受经济拮据的影响，受尽痛苦。"

　　苏青多年后提起父亲，心口上憋着气，总是堵得慌。

　　如果父亲健在，家会是现在这样的模样？弟弟会生出虱子来吗？

　　尽管，苏青的父亲在世时，家里一片阴沉，气氛窒息，弥漫着不和谐的雾霾。但经济上总归是有保障的，生活基本无忧，男人是一片天，不管是什么样的天，毕竟他都能撑起一种精神和希望来。

　　失去父亲，失去支柱，是全家人的痛，也是苏青更痛的痛。苏青所说的"所以为儿童的幸福着想，有一个好父亲是重要的，否则还是希望索性不要父亲……"这也只不过是一种无奈的心酸罢了，这是她真实的想法吗？

　　其实，苏青一直渴望能有一位好父亲，她想有一位真正的引路人，能给她的未来点亮心灯。最终，上苍没有满足她这个最简单的人生愿望，病逝的父亲不但带走了她对美好的憧憬，而且留下了许多伤痕和磨难，让早熟敏感的她，对情感充满了惶惑和疑问，让她在婚姻上吃尽苦头，直至走到婚姻的尽头。

　　在苏青眼里，父亲永远缺少温存和暖意，在《好父亲》中她说弟弟的苦，道弟弟的难，诉弟弟的困，何尝不是她心中的所思所想，何尝不是她当时的境遇，何尝不是她最为揪心的痛楚呢！

　　年幼的弟弟，思念亲人，期盼温暖，可以直率地表露出来，因为他小，可以愁上眉头。苏青却不能，她是姐姐。生性要强的她，只能将爱与哀愁在谈笑风生中化作一缕轻烟。其实，苏青也年少啊，她何尝不想表达对母亲和亲人的眷恋和思念呢？

都说苏青从不矫情，有话就说，有理说理。但是，少年的心思，哪怕用最为直接和饱满的笔触，也未必能全部道得清，说得明。苏青替弟弟诉一场少年清苦，追一幕苦难过去，忆一回心酸往事，这一出出剧情，不也是苏青自己若隐若现的心事吗？

这一对年少的姐弟，谁比谁站立得坚韧、挺拔，谁比谁更渴望抚爱、关怀，除了不得已的坚守、坚持、坚定外，他们还能做什么？

性格硬朗的苏青，从大都市上海回到冯家大院，从冯家大院走进学堂，从学堂迈入高级学府，一次次地蜕变，一次次地攀爬，一次次地破茧成蝶，都体现着生命的朝气蓬勃。

人生年华似水流，青春这支无言的歌，有时像稚气脸上那几颗潮红醒目的小豆豆，疼痛着，却是炫目地开呀开的，恰似初春桠枝上那几点吐蕊的颜色，分外妖娆。

穷则思变——这是中国人常说的一句话，也是一句鼓励进取的至理名言。

中学时候的苏青，美貌如花，才情出众，是学校难得的才女美女，这本应该是她骄傲的本钱，但是，她心里却是蒙着一层薄薄的阴影，不便为外人道。

俗话说得好，"好马配好鞍""人靠衣装佛靠金装"，尽管姿色出众，但由于家庭的拮据，苏青没有更多漂亮的衣服，即使美貌如天仙，如她这般爱美的女子都会难掩心中的失落。

苏青这样描述过自己的困境和尴尬："再说我自己吧，在校读书的时候也相当出风头，会说会话，可是从来就没有给人家做过傧相。原因不是没有女朋友邀，而是自惭无新衣服，傧相推却了。事后又知道新娘家原是存心送衣服的，这才后悔不送，哭了好几夜。"为了一件本该到手，却终究没得到的新衣裳，苏青哭了，一哭还是好几日，该是蒙头而哭吧！少女的失落情怀，终究是一场雨来一场风，就这么烟消云散了，可有些磨难还在继续着。

穷困不可怕，可怕的是不思进取。

困苦或许就是最好的磨砺，最直接的利器，它让人真正懂得自己的处境，自己的位置，自己的方向。要创造更美好的未来，更广阔的天空，更开阔的视野，必须经历艰辛和苦难，才可以让肩膀更浑厚，让翅翼更坚挺，让生命有花开的痕迹，散落也美丽。

想起弟弟身上的白虱，苏青笔下生风时，便是这种难言的心殇。

张爱玲曾说，苏青总喜欢拽着她和炎樱逛街选料子，做旗袍。小时候的愿望，长大了，就一并将它们实现吧。

# 第二章　快乐女生

　　我进中学时才十二岁，跳来跳去瘦皮猴似的本来还用不着防范到这类情事，可是我的五姑母却要先天下之忧而忧的谆谆告诫起来了："裙子放得低一些哪，你不瞧见连膝盖都露出来了吗？……你颈上那条小围巾还不赶快给我拿掉？这样花花绿绿的还有什么穿校服的意义呢？"

——苏青

　　宁波市鄞州区石碶街道机场路旁，有一所冯家小学，本世纪初，由当地政府斥资四千万元择址新建，建设成为一所风格新颖、环境优美、设施完善、布局合理的新学校，学校秉承了"让每个孩子都抬起头来走路"的教学理念，积极打造着"故事小学"。

　　故事何来？或许，以"冯家"命名，这所学校本身就是故事了。

　　的确如此，这所新中国成立后更名为"冯家小学"的学校，乃当地人冯丙然创办于 1906 年，前身为"敦本小学"，原址位于冯家村金房、玉房之间，1999 年后仓小学并入冯家小学后选址再建，但其校名保留，这显然是对学校办学理念和宗旨精神的秉承，也是对冯家人用心教育公益事业的纪念。

这所历史悠久的小学，最初除了金房、玉房、九份头中的孩子、周边冯姓子女可入学外，与金房、玉房有姻亲关系的家族子弟皆可来读，只是书本费自理。而苏青的家其实是在金房和玉房之外的，当然她是可以就读的，也能享受全免费的教育。这就奇怪了，苏青父亲乃金房直系亲属，为什么会住在金房、玉房之外呢？这似乎与常理相悖呀！

其实，这由不得苏青一家选择，冯松雨的出身排行就定位了他们只能居住在金房和玉房之外，因为冯松雨乃冯丙然的四儿子。徐芳敏在《苏青阿姨与冯家》中解释道："金房建筑群谚语云：'大小顾墙门（大房和最小的七房在大墙门内第一进），二六后边屯（屯，居也；二、六房第二进），三五两边分（三、五房住两边厢房），轧出四房外边屯。'好像因为一加七、二加六、三加五都等于八，所以大与七、二与六、三与五房建筑两两成双；唯四房无所配对，独立在金房之外、新玉房之旁。"

这家族的规矩真让人纠结。让苏青家直接落单在建筑群中心外，显然，这是中国式的讲究"害的"。中国人讲究阴阳平衡，讲究风水布局，讲究数字吉利，这些诸多的风俗礼俗乡俗等，有时反成为和谐发展的痼疾。但是，冯松雨自然只得接受这样的命运安排，苏青年幼，想是没有认真考究过一家人为什么会住在建筑群僻静的一隅，当然，即使她知道这些也不能影响到她从小活泼跳脱的性格。

这样，祖父建立的这所"敦本小学"就成为了苏青教育的启蒙源地，也成了她的快乐源泉。无拘无束的儿时游艺，性子可以坦率，说话可以率真，做事可以率性，无疑有助于苏青的成长发展，她一直是一个天真的快乐女生。

但在上海弄堂小学的一段时间，苏青是最苦闷的。由于父亲冯松雨对她的希望很高，便不断地要求苏青学钢琴，学语言，学能成为淑女的诸多"艺术特长"。但是，好动的苏青，好说的苏青，总让父母失望透顶，"野性难驯"的她，骨子里都是被浣锦的山山水水浸淫过的直率、粗犷，很难与大上海的城市生活接轨。还好，因为冯松雨工作的变故和身体的原因，苏青又回到了养育她那不羁性格的浣锦老家，不必迫于压力再学了。

中学生活，是苏青一生中最难忘的美丽时光，她在这里快乐、收获、腾飞。

宁波二中，就是苏青当年就读的中学学校。这所学校现位于宁波市月湖南端的竹洲岛上，有文形容此岛："竹叶婆娑，水波潋滟，幽静宜人，书叶留声。"更有详细记载："北宋庆历年间被称为'庆历五先生'之一的历史名人楼郁在竹洲开办书院，名'城南书院'；南宋淳熙年间历史名人被誉为'淳熙四先生'之一的沈焕设讲舍，与其弟沈炳及金华的吕祖俭汇于竹洲讲学，名'竹洲三先生书院'。清光绪五年（1879年），知府宗源瀚办'辨志精舍'，建有讲堂厅、学子宿舍等院舍四进，设汉学、宋学、史学、舆地、算学、词章六科，创甬上开设舆地、算学等新学科先导，故宋时起，竹洲便已是兴学求知，文人荟萃之所，被誉为浙东学术中心。1912年，由宁属六县人士集议，择校址于竹洲岛，创立了'宁属县立女子师范学堂'，从此揭开了宁波二中辉煌办学的第一页。"

苏青就读于宁波二中的时候，这里建校不过十多年，还属于一所欣欣向荣发展中的学校。但是，这里的教学质量和管理理念却是相当规范很具水准的。单从苏青一篇描写姑母的文章中，就可以窥探到学校管理的情形。

她说："我的五姑母有着矮胖的身材……我与她接触最多的时候是在鄞府女学堂改称鄞县县立女子师范，再由鄞县县立女子师范改称鄞县县立中学以后。那时刚值男女同学实行伊始，因此五姑母也就虎视眈眈的严格执行她的职务，唯恐这般女孩子们一不小心会受人诱惑，闹出什么乱子来。我进中学时才十二岁，跳来跳去瘦皮猴似的本来还用不着防范到这类情事，可是我的五姑母却要先天下之忧而忧的谆谆告诫起来了：'裙子放得低一些哪，你不瞧见连膝盖都露出来了吗？''头发此后不许烫，蓬蓬松松像个鬼！''下了课快些回到女生自修室里来温习功课，别尽在操场上瞧男生踢皮球哪！唉，看你瞧着不够还要张开嘴巴笑呢，我扣你的操行分数。笑！你再不听话，我要写信告诉你爸爸了。'"

原来，苏青的五姑母是学校聘请的"女训育员"，实际上是做舍监的工作。她对苏青的寄宿生活管理严之又严，生怕小小年纪就牵扯上"男女"关系。

不过，还真有一桩男女交往让五姑母给逮着了。苏青是这样说的："我生平怕这门数学，而坐在我后排的一位男同学却绰号'小爱迪生'，最擅长数学。他姓周，我在没法时常喊声'密斯脱周'，回过头去请教他，后来不知哪个嚼舌头的告诉人家说是我们之间有些那个，于是一传二，二传三，全级男生都喊起我'爱迪生太太'来了，那时我已有十五岁光景，听了之后心中未免发生异样感想，上数学课时便再也不敢回头问他了。"

少年是青涩的，少女是羞涩的。青梅竹马的相处，难免心生好感，而大环境下校规的禁锢，封建社会礼仪的束缚，是不允许学生们早恋的。看来，五姑母的担忧不是多余的，她才会对苏青如此关注和要求了，当然针对其他学生，她大概也是这样严格的吧。

苏青因为对数学的偏科，很想找一位成绩优异的同学帮助辅导，而理科学习中，一般较为出色的大多是男生，于是就有了这一出故事。

学生宿舍管理，是学校管理的一个重要指标，不可小视。宿舍管理好的学校，必是学风严谨。苏青在这样的学校环境中，是适应的，也是快乐的。

说起她的快乐，与她在学校的出色表现是分不开的。受到重视和爱护的人，始终都对世界充满着一颗明亮剔透的心，这个时期的苏青，将才情表现得淋漓尽致。

她不但成绩优异，还擅长写作，在校刊发表文艺作品，同学们称呼她为"天才的文艺女神"。苏青的文学天赋，这个时候就已经显露无遗，如果不是命运的几经波折让她不得不提笔"卖文"解决生活困难，那么，中国现代史上，便少了这么一位独具特色的女作家，实乃憾事。

# 第三章　话剧女神

现在，我离×中已有两年，别后第一年元旦听说他们索性不举行游艺会，因为同学们都预备科学救国，没有心情来干这关于艺术的玩意儿，而且在严厉检定下也没有什么好演的，但去年我重返故乡，以来宾资格往观时，一般同学们又在"元旦同乐会"五字下热烈地表演着《露露小姐》等爱情戏，知道一个圈子已绕转了，不知这次元旦他们又演些什么？

——苏青

相对于散文作品，苏青的短篇小说出品极其少，有小说集《涛》。散文一般取材于生活的某些片段，某个人物，某次事件，某种怀念，情感真实，印迹可循，身在其中，稍一触碰便是涟漪阵阵。因为来源于生活的方方面面，于是种种吐纳都有亲身经历似的逼真感。

如果说散文的底蕴来自生活的沉淀和知识的积累，那么，小说的写作必源于阅历的广泛性、经历的复杂性、判断的独到性和领悟的深刻性，小说是虚构的，是生活的再塑造、生活的再提炼、生活的再延展，小说具有案例的典型性。

苏青一篇《胸前的秘密》就有这般魅力，情于景中，景在情里，很具有引人入胜的魔力。

苏青讲述的这个故事，显然将自己植入其中了，文中的"阿青"，也就是她的小名。此外婆和彼外婆，那山村和这山村，许多的人和事，已然分不清到底是苏青的真实故事还是她编撰的故事，有散文的真实感，有故事的可读性，这不是一出情景话剧还能是什么呢？

苏青说："它已经随着我死去的女儿埋葬在地下。"

"那是十万遍大悲咒，缝在布袋里，挂在我的胸前。"

"念大悲咒的人，叫做广才爹。"

"广才爹是我外婆家里的长工，高个子，瘦长脸孔，牙齿漆黑的，老爱喝又浓又苦的茶汁，有时候，他驮着我上山玩去，在半途中，他突然会停下来说：'喊我一声爸爸，阿青。'"

一个精神扭曲的旧社会男子，一个天真无邪的小女孩儿；一个坏事做尽的当兵人，一个不谙世事的孩童；一个是富人家的长工，一个是被宠爱的小女儿。他们相处了许多年，他身上有着许多的秘密，当这秘密被一个小小的孩子无意识地掀开时，于是，就发生了许多始料不及的故事。

故事中一直贯穿着一种情感挣扎，情感困惑，情感认知，情感归宿，其实已然无法用对错来判定是非。这情感饱含着爱情、亲情、友情，张力十足，话语精彩，发人深思，剧情可塑性强，苏青情绪沉浸其中，就有了文字喷薄而出，她就是"阿青"了。

苏青对小说深度的把握，对情感分寸的把握，对语言节奏的把握，或者，当年在学校演绎话剧时，就练就了她的悟性和灵感。当然，她一生中最大的一幕话剧，便是她的《结婚十年》。

如果称她为话剧女神，实则不为过。据说，中学时的话剧表演，苏青多半都是主角。她在《元旦演剧记》中讲述得很清晰，又深刻，不但将当时学生们的课余生活描述得细致到位，而且将学校这个小社会也分析得透透彻彻，更重要的是通过剧目汇演主题的变化，侧面反映了那个时代青年们的思想、观点、追求和认知。是现实社会缩影的一个侧写、速写。

她说："在中学时代，每逢元旦，校中总要举行一次大规模同乐会的。"

看来，中学举办同乐会，就如同今天的学校举办"六一"汇演，是例行的文化活动，一种学校精神风貌的载体形式。

这样的活动，其中方方面面的协调、组织、沟通，其实颇费周折，就是一个小小社会的一隅再现，"社会"无处不在，"现实"四处皆是，一个角色的争斗，原来都是一场不大不小的人事斗争，人性的本质也就一览无遗了。

"在女中，讲到演剧时的第一个问题，便是筹备委员的人选：因为这个同乐会虽说是整个学生会发起的，而实际上等于级际竞赛，各级参加表演之热心程度，完全视其本级同学在筹委会中所占席数而定，故某级会演剧的人多，学生会执行委员会就得在这级内多挑几个筹备委员出来，使她们可因此而踊跃参加，至于对待不大会演剧的几班，尽管可以不要她们筹备，让她们去撅着嘴巴生气好了。不过执行委员也不是个个为公家着想的，她们不管自己一班的表演技能如何，只想多选几个本级同学出来当当筹委，因此使问题复杂了，从十一月半起，尽管一次召集临时会议讨论这事，结果总要争到十二月半光景，由教员出来指定，才得解决，虽然背后还尽多咕哝着的人。过了元旦，各级际还得有许多冷嘲热讽的活儿，因之哭泣饿饭的也有，同乐会就成为同气会了。"

一场话剧节目的筹备演出，一点点演变成学生"帮派"实力的竞争，这让人哭笑不得。但是，现实确实如此。包括当下，何尝不是这样呢。有"背景"的孩子，老师在安排节目或者"头衔"时，总是将他们放在显要位置，这是一种心知肚明，只可意会不可言传的见怪不怪的正常事了。如此说来，这倒是中国社会源远流长的"暗疾"了。

汇演剧目的题材是随着社会的变化而变化的。苏青说："我进中学后的第一个元旦，各级所演的各剧多选富有反抗性者，如郭沫若之《卓文君》，王独清之《杨贵妃之死》等。因为那时离'五三'不远，救国的工作虽已松弛了，革命的声浪总断续地在响：于是我也主演了一剧《娜拉》……要想当一个年青漂亮的女主角，就非全级最多数派的领袖不可，不论她能不能胜任；如果你在本级中得罪过某领袖……选你饰老太婆或叫花子……逼得你忍着泪也得登台。至于出演后的批评，也就是各派各级间互相攻讦的文章，客观两字是谈不到的。"

这样的话剧表演，其背后的闹剧，年年都上演，与话剧本身一样具有可看性。

"革命的狂热已渐渐地消失了，校中充满着恋爱空气，就是平日同学间的通讯，称呼也要用：'我天天怀念着的爱友哟！'或，'我的唯一的同学呀！'等句子，那么这次剧本的内容自非哥哥妹妹莫属了，计有《复活的玫瑰》《青春的悲哀》《孔雀东南飞》《弃妇》等等，你来哭一场，我来哭一场的，把同乐会变成同哭会了。"

革命的热潮过后，平静的春雨中，酝酿了一出春情，年年花会发，岁岁草又生，本属于情愫懵懂的年龄，又将在一年一度的话剧中发酵某些情感。

譬如说苏青，有人说是因为她与他出演了一出剧目，从而走进了热烈的情感中，因为有爱，已然相爱，所以媒妁之言父母之命他们便欣然应允，这是一拍即合的两厢情愿。让他们最后走到了婚姻的殿堂。

中学时代的苏青，在出演的剧目中，有爱国剧目、爱情剧目，也有历史剧目。有"犯罪小孩""娜拉""洋人""学生"，苏青对于各色各样人物的演绎，把握到位，神采丰富，受到学生粉丝们的追捧。

这个时候的苏青，青春洋溢，风头正劲，说苏青是"话剧女神"实是实至名归。

# 第四章  女子学校

但五姑母对我的防范还不肯放松懈，她天天注意我看的小说。"看恋爱小说会使女孩子们看活了心哟！"她告诉我母亲："爱贞如今已是个有夫之妇了，还可以让她心中别有活动吗？"

——苏青

苏青8岁从上海某弄堂小学开始接受启蒙教育，在1924年也就是父亲冯松雨病故的第二年，12岁的苏青进入了鄞县县立女子师范学校就读，这所曾给苏青母亲留下教育烙印和少女欢乐的学校，如今成为苏青心智、学识、心理、性情、爱好等早期开发的绝佳平台，冯家有女初成长，一切都那么自然地开阔起来。尽管失去了家中最为宽厚、坚实的臂膀，但生性乐观、倔强、独立的苏青，在生活面前，依旧洋溢着一股子热情，神采飞扬。

谁说缺爱的伤痛，缺钱的苦闷，缺家的亮堂，就必须一副愁眉苦脸、苦海难度的眉头紧锁呢？苏青的与众不同，或许就在于此吧。跌了跤，她会利索地爬起来，大嗓门地骂咧两句，然后顺势拍拍身上的尘土，抬头继续前行。

生活就得这样过，掸了灰烬，取栗自暖。活着取决于态度，对生命的虔诚，对自我的负责，对未来的期许，认清当下，该拿起的则拿起，别让抑郁或苦恼生了"霉菌"，提也提不起，放也放不下。这样的心病是最难清除和根治的。

过往不复在，继续保留一颗初心、本心才最重要，花季年华，本应纯真。一旦有了新的平台、环境和圈子，苏青的心情便会重新明朗起来，唧唧喳喳地不得消停了。冯松雨曾有一句精辟的"总结"，他对朋友介绍自己的女儿道："这是我家的小鹦哥呢！"这足以说明苏青话痨子的本色，从小即是。

县女师设在宁波市西南隅一个叫"月湖"的竹洲上，四面环水，幽僻静怡，与月湖中的芳草洲、月岛、烟屿、竹屿、花屿、雪汀等形成了月湖十洲，各处遍布楼台亭阁、水榭凉台，花木丛生，风景宜人，布局匠心别致。十洲取名雅致、清逸，想是文人骚客起意的杰作了。

这样一方胜地中造就的人才，特别是女才子，该是不同凡响吧。况且，这所女师是当时鄞县唯一的一所中等程度的女子学校。

因为是女子学校，便少了男女同窗共读的许多话题和想象。但是，辛亥革命的浪潮如春雷声响，掀开的新篇章比比皆是，关于风气，封建下的"男女授受不亲""女子无才便是德"等思想，如同火药罐，一点即燃。男女之间的距离、关系，女子的社会地位，包括在家庭中的话语权等涉及女子权利的问题，在新思潮的气压下，破茧而出。女子要求享有与男子同样的教育权，也就理所当然了。

苏青在《涛——生活中的浪花》中说："我是十二岁那年进

中学的，正值暴风雨前夕，空气沉闷得很。我所进的中学不是所谓普通中学，而是叫做县立女子师范学校——是鄞县唯一的中学程度女子读书的所在，因为那时根本没有男女同学这回事，而且连做梦也不曾想到。"

毕竟，女子学校的教育内容和方式，有明显倾向性，不如男子学校的教学来得开放、知识多样、题材广泛、内容丰富。苏青曾在《我国的女子教育》中深刻提到："严格地说来，我国根本没有所谓女子教育；学校里一切设施都是为男生而设，不是为女生而设的。这在男女同学的学校不必说了，就是专收女生的女子中学，女子大学，他们的课程等等还不是完全跟男校或男女同学的学校一样吗？但是一般自命为新女子的还高兴得很，以为这是男女平等。""从前我也曾高兴过，现在却有些怀疑起来了：男生能够受他们所需要的男子教育，女生也能够受她们所需要的女子教育，这才叫做平等呢？还是女生跟着男生一样受男子教育，便算是平等了。"苏青眼里的教育人人平等，不仅限于男女都能获得受教育的权利，而是同等教育平台的权利，这才是真正享有教育权。

县女师是官办的师范性质学校，也是要收取膳食费和学杂费的，再者能来此读书的，基本都是有钱人家的女儿。所以学校也作了针对性教学，开办了如"刺绣""烹饪""缝纫"等适合女孩子的特殊课程。在这里，不但学知识，学教养，更要学会女子的必杀技——家务能力。学校认为女子提高文化内涵素质的同时，精研"柴盐油米"的家务操持同样必要，这样培养出来的女子秀外慧中，谁不爱呢！易得佳偶，家长和学校皆大欢喜。

但毕竟这些女孩们都是有着文化基础的新时代少年人，在激进社会思潮的影响下，充满了对改革的期待，迫切地希望有一天男女同校享受一样的教育课程，教育理念，教育方式，这种声音越来越强烈。

女校特殊，不光因为都是女子就读，更重要的是针对姑娘们制定的各种"特色"校规，让大家不尽烦恼。苏青常常被揪着小辫子，尽管姑母是学校校监，非但不"罩"着，反而对苏青管理得更严格和谨慎，让苏青哭笑不得。

她说："第二次他喊我进校长室去，原因是我不该梳了两个辫子头。原来当时女校有一种规矩，便是附小女生梳辫子，师范女生梳头，不问年龄大小，只讲程度高低。我十二岁进中学，当时是最年幼的一个，许多十八九岁甚至于二十余岁的附小女生都拖着长辫子，但我却要绾起一个身来。会的式样很多，有直 S，有横 S，还有其他各式各样的头，但是我却梳不来……于是有人向我建议：你的年纪轻，后来梳独个会不像样，还是当中挑开梳两个吧。我想起古装美人图上的丫环，觉得她们的垂会样子还好看，就照着做了。""不料史老先生却又喊我过去训斥，这次他的脸色更青更白，右手不是摸牙须而是紧紧握住牙须了，他说：'你为什么不守校规？梳两个头，成什么样子？古语说得好，天元二日，民无二主，——真是造反了！'"

一个发饰，能与"造反"联系上？能与"天元二日，民无二主"有真正的关联吗？这还不是苏青最懊恼的，最让苏青难过的是自己的五姑母也对她呵叱道："还不快出去把头梳过了！谁叫你梳两个的？是谁在教唆你？——快出去呀，赶快把头改梳过。"苏青最后不得不"噙着眼泪，委屈地退了出来"。

苏青在写作中喜欢将人物的名字改头换面，不依照传统路子来行文走笔，这是她的作文特征。而对于她的作品题材，也有许多"争议"，出现了到底是散文还是小说的疑惑，无法分得清清楚楚的，比如《胸前的秘密》正是如此。对于这些题材的归属，其实真不能一概而论，苏青运笔的手法和写作的技法往往与众不同，这样的文字风格似散文又像小说，难以分清、明了。苏青文章中的五姑母，实际上是指现实中的二姑母。苏青的散文《小脚金字塔》就是写这位姑母的。

姑母性格豪放，对于苏青的教育和保护，是内心真正的关心，事事过问，件件落实，生怕她"误入歧途"。姑母也是有胆魄的女人，男人不敢去做的事情，她却敢于承担。当年，苏青的祖父冯丙然去世后，丧事大操大办，场面热闹非凡，来客众多，且不乏有地位有身份的人。此后，冯家便被土匪瞄上了，他们绑走了苏青的一位伯父进行敲诈勒索，放言不见银子不放人，不然就撕票。后来银子凑足了，可谁去呢？这成了一个大难题，最后，还是苏青的二姑母大义凛然地站出来，说由她去。而此去生死难卜，即使不死，也有会被土匪抢去做压寨夫人的危险。在土匪不讲信用再次增加了赎金的情况下，二姑母凭着自己的智慧，两上土匪山与之勇敢周旋，终于赎回了苏青的伯父。

苏青的二姑母，名冯组群，是冯氏家族中的一位奇女子，胆略不让须眉。苏青在这样的姑母"监管"下，不乖巧都不行了。

有句俗话，"黄金棍儿出好人"，虽然有点宣扬"暴力"教育，但是，严厉的管理，严格的要求，严肃的态度，也不失教育方法的一种。在现代教育中也会对此有精辟的探讨。

　　孩子到底适于什么样的教育方式，无疑，苏青急急跳跳、风风火火的猴性子，确实需要一种约束力来管束她，需要二姑母这样的亲人认真打理、关照她的生活和学习，让年少不经事的、缺少父母管教和亲情温暖的苏青，健康快乐地成长起来。

　　所以冯组群成了苏青生命中不得不提及的名字，与她的未来和发展有着息息相关的联系。

# 第五章  那时花开

*生命像海，平静的时候一片茫茫，没有目的也无所适从，但忽然间波涛汹涌起来了，澎湃怒号，不可遏止，后面的推着前面的，前面的推着更前面的，大势所趋，不由得你不随波逐流的翻滚过去。一会儿，风停了，浪平了，剩留下来的仍是一片茫茫，疲乏地，懒散地，带着个波涛的回忆。*

——苏青

苏青说"生命的浪花"，澎湃，激流汹涌。

"她涨红了脸，气急败坏地警告我：'听么？你……你孩子家也知道国……国民党了吗？谁告诉你的？幸而……幸而还好，不曾给他……他老人家知道，要是他老人家……史老先生知道了，你得当心……以后这话不许说！'"苏青笔下，生动刻画过许多老师的形象，直率坦诚，着墨谐趣，人物栩栩如生，事件令人莞尔。上文中的这位史先生，苏青描摹道："前清的秀才，也是我祖父的老朋友。他有一张满月般、带着红光的脸，三塔牙须，说长不长，道短却也不短。说话的时候，他总是用手摸着牙须。轻轻的，缓缓的，生怕一不小心摸落了一根。"

　　史先生其实不姓史，这里苏青将人物的真实姓名给隐去，化以假名代替是多见的，写作习惯罢了。史先生姓施，名国祺，是一位秀才，老夫子也。夫子自然是要秉承中华民族传统的严谨、严肃、严律的教育理念，这才是治学的根本，他确实也是这么做的。正是这样固执的一成不变的做法，给他招来了大麻烦，最终被学生们赶出了校门，他的铺盖卷也被扔到了大门外。

　　史先生到底做了什么样的事情，令女生们如此反感他，敌对他，厌恶他？了解故事背景，还原人物真实，答案就在苏青笔下了。

　　苏青说："据说有一个高级女生因入了国民党，清早邀请三五个同学在操场上谈论男女平等，自由恋爱什么的……史老先生听到'国民党'三字，手便一颤，牙须幸而没扯断，眼镜却啪地掉在地上了……碎了玻璃还不够，渐渐的连史老先生的心都碎了。因为后来这位入国民党的女生虽经迫令'主动退学'，而高级女生中似乎开了风气，常有切切擦擦私下在操场或在校园或在厕所中私谈情形……"女学生们对待新生事物，接纳新生事物，发展新生事物，是激情飞扬的，传递又快又热；但作为女师的校长，史先生的思想是传统的，保守的，他对这样的事情痛心疾首，坚决要认真执行女校的各项规章制度，不能让学校体制变质，腐化堕落了。

　　当然女学生们的想法则是好想法，她们想男女同校，想接触异性，想接触革命思想，想挣脱樊笼去看看，是情理当中的事情，但这就与史先生的规定是冲突的，与学校的制度是相悖的，矛盾自然而然就凸显了，甚至不能调和，事件一发不可收拾。

　　1926 年，北伐军浩浩荡荡开进鄞县县城时，街上人头攒动，标语迎风飘扬，青年热血沸腾，苏青说："春光明媚之际，同志们终于完成了光明灿烂的工作，整个的县城都悬满了青天白日旗，只缺少一个地方，那便是我们史先生管理下的女子师范。"

革命的旗帜插遍了县城各个角落，就是不能"攻克"女师大门。由此可见，史先生是多么的固执，他抵制一切新思想，拒绝一切新事物，坚持认定自己的做法才是正确的。但革命大趋势已然形成，谁能抵挡得住呢，史先生被时代淘汰，被学生们唾弃自是必然了。

一生中遇见的形形色色的人，苏青最擅长将他们的个性特征和鲜明形象勾勒出来，不拘泥，不刻板，笔调幽默、诙谐、活泼、走笔生风，带有特别的响动，时常有警醒人的作用。

张爱玲说："她的讽刺并不彻底，因为她对人生有着太基本的爱好，她不能发展到刻骨的讽刺。"是这样的吗？苏青真正无法做到"刻骨的讽刺"，或许，这就是苏青的高明之处。留有余地，就会有想象空间，她对人物的刻画，不彻底的揭露、批判、讽刺，正好符合她的思维模式和写作模式，点到为止的游刃有余，比深刻尖锐来得更有弹性和韧性。

苏青的文字套路，据说有着林语堂的影子，苏青对林语堂是尊崇的、景仰的。他们虽没有直接交往，但苏青的一桩文字公案，林语堂还亲自在刊物上调和过。

无巧不成书的是，张爱玲也非常喜欢林语堂，并在出国留学计划中，将林语堂当时生活的国家作为首选，这也说明林语堂在她心中的地位和高度。

县城的革命高潮一声声迭起，史先生走了，学校"乱"了也正常。苏青姑母见这种氛围和环境已经不适于安静地读书，于是将苏青送回老家浣锦，以避开时局的混乱，烽烟的无情。

辍学的辍学，上学的上学，女师的教学其实还在继续。不过在苏青复学时，已然物是人非，校名两易，从县女师改为"中山公学"，再由"中山公学"改为"女子中学校"。

1928年春天，苏青的祖父冯丙然经不住孙女的软磨硬泡，终于同意了苏青插班就读初一下学期，这说服能力不愧为"小鹦哥"。

回到梦寐以求的学校，苏青又长大了一岁，高了，见多识广了，想法也更大胆、周全、稳妥了。当然，她笔下老师们的形象愈加丰满了。

她讲女校长的故事，道："校长是一个漂亮的女性，姓邹，刚刚同她丈夫离婚不久。她在大学还只念完一年课程，中学就在女子师范读的。"原来，这位女校长算得上是苏青的校友，也是从这所学校出去，学成后又回到自己的母校任职，这里便是她的"娘家"了，这样做事该是事半功倍，轻车熟路吧？但是，并非如此，女人容易被情牵绊，且容易失去理智，这位女校长亦是。因为自己热恋的男友移情别恋，女校长伤心欲绝，气馁后请辞了校长职务。这位女校长的名字，苏青依旧隐去了真实姓名，只说她是县教育局长杨菊庭委派来任职的。

女校长走后，接任她校长工作的就是这位教育局局长——杨菊庭。

苏青眼里的杨校长，在她描摹的众多老师中，是刻画较入微的一个。她说："其貌不扬，姿态难看。他'生得矮胖身材，白麻子，两颗门牙尽管往外扒……"

这位校长与曾经那位史校长有近似的地方，反对学生激进，反对女生与异性交往，反对女生上街聚会，他还说："招摇过市，白白给人家品头论足。"生怕学生们被"看"了去，他这样老套陈旧的想法，自然很不讨学生喜欢。后来，学校来了一位男历史老师，他对近代史重大史实的脉络、中华民族受屈辱的症结、列强的罪状，都剖析得全面、深刻、到位，深受学生喜爱，可惜的是并没得到校方的认可。校长不断地挑刺，伺机打压，让这位老师背负了沉重的心理包袱，最终在病中郁郁而逝。

这位老师的离世也让学生们悲恸不已，他们想送这位敬爱的老师最后一程，给他开一个追悼会，却遭到学校毫无人情的否决。这便引发了学生与校方激烈的矛盾冲突，学生们以罢课、请愿等方式抵制这种不近人情的做法，事件越闹越大，不能罢息。于是，校方决定开除这次事件中的主要骨干，遏制事件的再发展。在公开发布的开除学生告示中，苏青的名字"赫然在列"，罪名是"受人煽惑，鼓动罢课"。

如果苏青这次真被开除了，还有上海滩红极一时的出版人、作家苏青吗？当然不会！

这一场轰轰烈烈的"战斗"，最终以校方收回告示而收场。

# 第六章　宁波皇后

"总之，就算是恋爱这个玩意儿吧，虚伪，浅薄，肉麻，只好骗她们这批笨蛋！眼见着没落就在目前，继着狂欢来的是遗弃与堕落！"我们像发现了真理似的，胜利地相视一笑，也随在他们的后面，挽臂而出。

——苏青

　　回忆有毒，文字是蛊。当某一个夜深人静，某一个静谧黄昏，某一个时光渡口，轻轻地打开午夜的留声机，侬侬的清音便铺卷而来。难怪张爱玲说："回忆这东西若是有气味的话，那就是樟脑的香，甜而稳妥，像记得分明的快乐，甜而怅惘，像忘却了的忧愁。"

　　现代人习惯了张爱玲唇齿的翘动，微颔间便起意了某句经典的人生警言，入情入理论事，有情有据谈人。她说苏青，谈得彻底，但亦有婉转时的意犹未尽。

　　张爱玲对苏青的了解，包括对她爱情的理解，因为一句"同是女人"，便知她们之间的默契了。

　　苏青一生几经波澜，命运起伏，最大的转折点也许不是父亲的病逝，不是家庭的没落，而是年少时与李钦后订了婚约。这桩明显带有封建色彩的媒妁之言父母之命的婚配，依着苏青的性子和脾气，本该会有一番挣扎、抵触，甚至拒绝。但从苏青的文字记载来看，辞藻间并没有过多地指摘这桩联姻的不是，也没有埋怨母亲"仓促"地答应。当时的冯家，虽然经济状况大不如从前，但文化底蕴和传统教养犹存，鲍竹青兴许对苏青的未来早有盘算和考虑。她不是一位普通的家庭妇女，是受过师范文化教育，曾随丈夫混迹过大上海的女子，必然有一定的眼界和见识。李家不但是县城屈指可数的富有门庭，准女婿李钦后学业也非常不错，不然，他怎么会辅导苏青的数学，怎么会考上东吴大学法学院呢。

苏青说："那就是坐在我背后的一位男同学，也就是我现在的丈夫。"

原来，苏青和李钦后同班，他们的座位一前一后，高中就"亲密无间"了？

这是苏青文字中不经意间露出的蛛丝马迹，或许还不能全面真实地反映她与李钦后的少年情感历程。

张爱玲曾说苏青："她起初的结婚是一半家里做主的，两人都是极年青，一同读书长大，她丈夫几乎是天生在那儿，无可选择的，兄弟一样的自己人。"

"兄弟一样的自己人。"这样来形容苏青与李钦后厚实的感情基础，一点也不夸张，因为苏青的一生，如果有一位女子是她的闺蜜、知己，那便是张爱玲了。张爱玲懂苏青，犹如懂自己一般。许这结论言过其实了，实则不然，生性玲珑剔透的张爱玲，她懂"同自己一般的女子"，实属太正常不过，心有相通，戚戚必然。

其实，苏青从"女子中学校"毕业后，按照她后来报考的意愿，是可以直接升入学校的高中。最终，她选择了浙江省立第四中学，念的是师范科，而原先的学校也设有同样的高中师范科。这难免会让人猜忌，苏青为什么不升入本部呢？

可能的原因无外乎三种。

"女子中学校"的校长还在继任中，他对苏青曾做出过开除的决定，虽然后来公告撤回，但是，这样的大环境已经不适合苏青了。

再者未来夫君一直殷勤地"呼唤"苏青，叫她去他的身边。他们热情洋溢的书信，字里行间句句有热切企盼，让少女初长成的苏青，不胜娇羞欢喜，心向往之，就如鸟雀渴望蓝天，鱼儿希冀流水般，带着懵懂的青涩的情爱冲动。他们的信件来往，早在媒人撮合后就开始了，一次比一次甜蜜，一次比一次亲昵，这种相见不得，却是心心相印的感觉着实折磨人，不如寻机朝夕相伴，以解相思苦，升学就成了最好的机会。

再加上第四中学还开出了许多优厚条件，让苏青及家人暗自心动，这里的师范科学费是全免的，食宿减半，对于经济愈加拮据的冯家来说，非常具有诱惑力。选择第四中学，何乐而不为呢！

后来，成绩优异的苏青，在学校的关照下，从师范科转到了普通科，这才有了后来的报考大学之事。而李钦后实际上是在普通科的，他们是否真的同班，隐隐约约中，苏青都有细微流露，包括《小脚金字塔》里对"小爱迪生"周姓同学帮助她补习数学的描写，同学对她"爱迪生太太"的戏称，都有她未来丈夫李钦后的影子。而且，苏青与李钦后在学校期间还一起演出过经典的话剧《罗密欧与朱丽叶》，这有剧照为证，说明确有其事了。在大多数文字作品中，苏青都是善于直截了当抒发情感和内心想法，但偶尔也喜欢暗藏玄机，任人揣度。

自传体小说《结婚十年》和她出版的散文、短篇小说集等，有时需要并拢合一起来细思量，齐参透，才能发现其间关联的一些小秘密，缜密、细致的布局以及延伸。

高中时期的苏青，已然亭亭玉立。

恋爱，让青春期的女孩子甜美俊俏，活泼可爱。从她的文字中，常常可以捕捉到大量的信息。

有人会因为恋爱无暇顾及学习，有人会因为情感愈发优异，应该说李钦后和苏青是后者的代表，他们高中毕业后，都以非常优异的成绩考上了理想的大学。苏青更是温州地区所辖六县中唯一一个考入中央大学外文系的学生，与李钦后一起双双高中金榜。

国立中央大学和东吴大学，一个在南京，一个在苏州，虽说相距不远，其实还是难得见一次面的。大学时期的苏青，有了另外一番天地世界，她是冠冕着"宁波皇后"的美誉跨入大学校园的，自然引人侧目和瞩目。

大学校园是成年人的天地，苏青长大了。她在《女生宿舍》中讲述了大学生活的故事，颇有意思。那是一个有特色的时代，一个动荡的时代，当时女学生的思想、观念、兴趣、情感、家庭等全部展现在她的笔下，同时可以看到三十年代初大背景、大环境下的一些人物侧影。

她道："于是预测各人结果：周美玉小姐，摩登少妇，整日陪丈夫出入交际场所，终身不持针线，不触刀砧。魏茨君则患歇斯底里，当女舍监，入天主教。李文仙应速转男身，鼻架几千度之近视镜，终日研究阿摩尼亚。而我呢，据她们意见，只配嫁潦倒文人，卧亭子间读 T. Haldy 小说。"

　　预言有时是"一把刀"，捅得人撕心裂肺，血肉模糊。故事的收梢，苏青再道："在这个预言说过后的寒假中，我结了婚，吾夫既非文人，亦非潦倒。次年夏我因怀孕辍学，魏亦毕业，嫁一花甲老翁做填房，长子的年龄比她还大上十年。今年暑假，周、梅毕业离校，各如所料。本学期在校者仅王、李二人；不料旬日前李文仙因用功过度，咯血而死；近视镜还只配到八百余度。今宿舍中旧客硕果仅存背准王行远一人，天天独坐在马桶上干着'行自念也'工作。"

　　人生本是聚散两依依，聚也依依，散也依依。依依惜别单身时光，在夫家的催促下，还在大学一年级的苏青，接受了与李钦后先完婚再继续就读大学的提议。苏青没有想到，一个不得已的决定，就这样改变她的人生轨迹，这是"命中注定"吗？

# 第七章　掩卷·花样年华

当熹微浸透湿湿的寒意，当清辉抽穗泠泠的水湄，当思念串成蔓蔓的青藤，少年和行囊，月光和站台，绿皮火车奔向远方，谁在远方，谁又是谁的远方？

海那边，红房子，石头墙，草屋顶上的旗杆，旗杆缀满了海上花。

风从海上来，苦涩从辽阔中一浪浪地涌来。

风在蓝的心里，蓝在云的梦里，云在天的眸里，而谁又在谁的飘摇里呢？

风说，这一切都是海市蜃楼吧！

你听，海螺的轻鸣，波澜的角逐，海脊线上鲜明的水天一色，那些来去，溯洄，承接，它们反反复复的，多么像一出青春剧，轰轰烈烈地拉开序幕，认认真真地热情演绎，而最终，当潮汐不得不褪去时，徒留一地伤悲，掩映在岁月的沙漏中。

光阴它带不走爱与哀愁，日月它带不走梦与忧愁，风儿啊！

请一定，一定拥紧这最后的温柔，镌刻下生命的炽热，此刻，当下，不离不弃。

　　或许，多年后，某个时光渡口，某次不期而遇，某些人，某些事，某段无法言明的邂逅，都——写着——青春无悔！

　　这样，便好了。寂静，花一般！

第三篇
结婚十年

我听见爱情，我相信爱情
爱情是一潭挣扎的蓝藻
如同一阵凄微的风
穿过我失血的静脉
驻守岁月的信念

——泰戈尔

# 第一章　十月十日

　　谨詹于中华民国二十一年十月十日下午三时在青年会举行
结婚典礼　概从简略　恕不束邀　特此敬告诸亲友好　谨希
谅鉴

　　　　　　　　　　　　　　　　　　　　　　——苏青

　　20 岁的年龄，犹如 7 月里饱满而亮色的谷穗子，烈日当空
下，那一串串自然坠落的金色，在潋滟的水泽中，在清风的抚
慰下，在蝉鸣蛙叫声里，弥漫着成熟醉人的芬芳，不由让人憧
憬一次圆满的季节收获。锦瑟华年，别样生动、活泼着。

　　苏青刚好是在这个艳羡人的双十年纪考入南京国立中央大
学的，青春洋溢，才貌出众的她，颇有"宁波皇后"的范儿。
而这"宁波皇后"的冠冕起源何处？似乎人人都叫得很顺溜，
并没觉得这是夸耀其辞。

　　有人说是宁波人能干又精明，在哪儿都能抱成团，形成自
己的组织和实力。1933 年秋，刚入大学校园的苏青，即参加了
南京宁波旅京同学会在中央大学法学院研究室举行的常会。新
旧同乡见面，自然亲热得很，气氛轻松活跃，情谊交流的同时，

常会还进行了改选。从干事到副干事、会计、文书、运动主任、游艺主任等，组织结构明晰，分工细致到位，苏青最后被推选为会计。值得一提的是就这一小小的学生会会议，却引来了媒体的关注和报道，记者一直与会在侧，他们关注什么，有什么样的热点吸引了他们呢？

而后，一篇题为《冯和仪女士荣任中大宁波皇后》的文章在"上海宁波日报"上刊登，几个耀眼的大字"中大宁波皇后"很是特别，标题下则是洋洋洒洒的同乡会会议情形，收尾处笔锋一转，将文章欲体现的核心和主旨大笔渲染一番："又于席间一致拥立中央大学文学院外国文学系高材生冯和仪女士，为'南京国立中央大学宁波皇后'，闻冯女士系吾甬闻人冯友生先生之孙女，今夏毕业于宁波浙江省立第四中学高中部，冯女士善交际，精音乐，擅长著作，而对文学一道，研究尤深。"

这则看似简单的新闻报道，却是了解青年苏青的最好佐证。当时的苏青，是何等的鲜亮、朝气，她成了家乡人的骄傲和自豪，并被拥立为"宁波皇后"，这"拥立"一词，足可见当时盛况。

出色的苏青，新入校就担任了同乡会职务，善于交际的她，自然会吸引青年才俊的目光，被热捧是可想而知的。而在苏州读书的未婚夫李钦后"远水不解近渴"，情感交流难免会疏远，从而形成彼此之间的距离。如果真让栖息"梧桐树"的凤凰都飞了，这是李家不愿意看到的局面，只有早结婚早定根，才能将这块心头大石放下。

1934年2月4日，在《上海宁波日报》头版显著位置，一则名为《冯和仪女士于归志盛》的报道，令人侧目。

文中道："南京中央大学文学院外国文学系高材生冯和仪女

士，与上海东吴法律学院高材生李钦后君，假宁波傅家房子结婚。先一日，在冯宅举行于归典礼。是午，冯宅门前，车如流水，马似龙，礼堂装潢，异常富丽，壁间满悬各界闻人贺幛喜轴，道贺者甚众，皆由乃叔前定海县县长冯纯观氏，殷勤招待，甬上名流如著名法律学者鲍士康、缪瑞芝、龚圣鉴、何瑞芝，作家陈迹、张其春等，皆至冯宅道贺致敬礼云。"

苏青结婚时，只是南京中央大学一名一年级的学生，何以引得报纸重磅报道，这似乎有悖新闻报道的"原则"。而标题的拟定也颇有新意，大有褒奖和渲染之意，好似苏青荣归故里，一派欢腾祥和的热闹场面，必须以此为记，足以显得隆重。但苏青真有这么大的名气和声望让报纸侧目报道吗？不管是与否，事实是报纸就这么记载了。

在学校如日中天的苏青，如何能答应李家的完婚请求呢？这其中因由没人能道得清楚。许是李家的恳切要求，鲍竹青不得不答应；也许是苏青觉得结婚并不影响学业，就应允了。不管如何情形，苏青和李钦后完婚了。

这是一场中西结合、新旧合并的新式婚礼。

苏青在自传体小说《结婚十年》中开篇即道："徐正甫（长男）崇贤为苏俞淑宜（长女）怀青结婚启事谨詹于中华民国二十一年十月十日下午三时在青年会举行，结婚典礼概从简略恕不柬邀特此敬告诸亲友好谨希谅鉴。"这是一则结婚广告无疑，新人新事新办，连结婚请柬也略去了，这并不是新郎新娘两家不够重视这场婚礼，反而恰好体现了长辈们对一对新人的迁就和宠爱，自己的事情，他们可以自主兴办。

徐崇贤是谁？苏怀青又是谁？

既然《结婚十年》是一部自传体的小说，那么苏青笔下的苏怀青即是自己，徐正甫便是李钦后了。他们这样的创意婚礼，在当时轰动一时，热闹非常，传为一段佳话。苏青说："天还没大亮，房间里却早已黑压压地挤满了人了。"

苏青的小说中，真亦假时假作真，真真假假难辨明。

就如结婚启事道："谨詹于中华民国二十一年十月十日下午三时在青年会举行结婚典礼。"难道苏青的结婚真是十月十日，当然不是。这个十月十日跃入眼帘的时候，冷不丁会让人想起《结婚十年》《续结婚十年》，这难道不是苏青小说中的巧设布局？既然书名为《结婚十年》，何不如将小说中结婚的日子定于这一天，岂不增加了伏线，这番考究也许未必能引起读者的注意，但是，这样的伏笔，不失巧慧，暗喻老道。

人生中，不知有多少个十年，再十年，苏青正好在双十的年纪出嫁，此后她经历的生活波折和人生困苦，或许不是一个双十的年岁能概全的。在《续结婚十年》中，我们可以更加完整、清晰地了解苏青从青涩步入成熟，从憧憬迈入现实，从自由落入禁锢，从理想、热血、激昂跌入琐碎、疲于奔波的起伏人生。在历经了最美好的年华，她是如何立身于滚滚红尘中，与大千世界，与光怪陆离，与人情冷暖，与是非黑白，与命运和生活作着一种积极的抗争？或许，这就是"十月十日"这个特殊日子的真正涵义和用心良苦吧！

回归现实，中华民国二十一年十月十日，并非苏青的结婚日。1934 年 2 月 4 日《上海宁波日报》中对苏青返乡喜结连理的大肆报道，即可知道苏青真正的大喜日子。

苏青素以大胆女作家著称，其用笔犀利、直接、诙谐，刻画人事常常入骨三分，随之入情入境，共鸣十足。她描写自己的婚礼现场，别有一番滋味上心头，原汁原味，令人捧腹之余，还能了解到当地的习俗、民风、民情等人文历史，从中去感受源远流长的风土风情。她善于挖掘乡土乡情，乡音乡貌，无论何时何地，不改的是故乡情。

婚礼在青年会举行，苏怀青坐着男方雇佣的花轿，身着五姑母设计的新娘装束，礼服是"淡红绸制，上面绣红花儿。罩纱也是淡红色的，看起来有些软绵绵惹人陶醉。手中捧的花儿是绢制的，也是淡红色……头上的花环也用粉红色，脚上却是大红缎鞋，绣着鸳鸯，据说这双鞋子因与公婆有关，因此不能更改颜色"，可谓一身鲜、妍、娇、嫩融融而成，容光焕彩，美丽芬芳。

苏青善于从小事中研磨细微的别致之处，她在《结婚十年》中曝光苏怀青出嫁前的一段"糗事"，别出心裁，让人捧腹不已，平添了谐趣。她说："已经晌午了，我正在床上着急，因为整个上午没有起来，大小便急得要命……我知道花轿要到了，心中恰如遇到救星，巴不得她们一齐出去，好让我下床撒了尿再说。不料她们却不动身……我急得流下泪来。泪珠滚到枕上，渗入木棉做的枕芯里，立刻便给吸收干了，我忽然得了个下流主意，于是轻轻地翻过身来，跪在床上，扯开枕套，偷偷地小便起来……用力伸个懒腰，真有说不出的快活。"

写实，大胆，奔放，肆意。这就是苏青的作文。

# 第二章 意外"来客"

> 整个的冬天就是迷迷糊糊过去了，每天我同他在一室中看
> 书，每晚我同他在一桌上吃饭。他是湖南人，性格坚韧，坦白，
> 乐观。
>
> ——苏青

南京有一个鼓楼医院，非常著名。

1934 年初的某一天，这里迎来了一位普通的女性"病人"，她由一位体贴温情的男子陪伴着，先是挂号。"挂号处的人问：'看什么病呢？'他望向我，我回过脸去不理他，一面悄声说：'妇科。'"在《结婚十年》中，苏怀青由人陪着去看病了。

苏青继续道："他替我挂了特别号，陪我走进诊查室。一位慈祥的老医生问我病症了，我想说，只是开不得口，回转头来眼睛看着他意思叫他出去。但是他不懂，反而焦急地催我说：'快告诉苏医生呀，你有什么病。我只知道你近来胃口不好，想吃什么，一会儿厨子端上来却又说不要吃了……'"显然，这位男子的着急程度不亚于病人苏怀青，他对她日常的生活饮食应该是有所了解的，不然，怎么知道她近期胃口不好了呢。他说

的"厨子端上来却又说不要吃了"，充分说明他们常常在一起就餐，或者说形影不离也不为过。

这个苏怀青身边的男子，会是谁呢？既然苏怀青是苏青自己的影子，那么这人会不会是李钦后呢，他从苏州赶来探望苏青？

答案在一点点地揭晓。苏青再道："医生领着我出来，我的脸上满是泪痕时，便惶惑地问：'什么？什么？你没有什么病吧？'"这向医生问话的便是先前那位男子了，他的征询很是急迫，生怕苏青有什么不适，三个急切的"什么"，足以表达他对苏怀青的关心和担心程度。

回话的人却不是苏怀青，却听见"医生拍拍他的肩膀说：'请放心，没什么病，尊夫人是有喜了。'"

"他是嘴唇顿时发白，颤声向我说：'你……你……'"听见道贺，男子并没有想象中的喜悦，反而略有惊诧与恐慌，不能自已了，他问得结巴，一个"你……"便是纠葛的千言万语，悲伤抵过任何的诉说与追问。

苏青继续说："我不敢再瞧他的脸，掉头径向外走。不知走了多远，斜地里忽然有一辆黄包车蹿出来，他赶紧拉住我臂膀说：'当心呀！'车子过去，他就放开手，大家仍旧默默地走。"

这男子是谁？

苏青文中唤他"其民！"

他是其民吗？在《结婚十年》中，他是应其民，在苏青的现实世界中，他也真实存在着，乃苏青的大学同学徐其民。这个曾经给予她希望，让她充满幻想的男子，并不知道怀青已经结婚。这突如其来的打击，不单击倒了应其民，也破碎了苏怀青的所有梦想，一切又回到了起点。

怀青只得如实坦白告知："我是结过婚的人哩！"

这是多么美丽一个梦啊！旖旎而绚烂，他们有情有义地开始，却始料不及地结束，那么尴尬的场面，彼此都没想到。就是这么一个男子，却用全部的挚爱包容了怀青的隐瞒及所有，他对怀青说："那好极了，否则……否则我打算马上同你结婚哩，你的孩子就算是我的好了。"想是这番话语出口时必定悲怆、凄婉了。何等的情义男子，才能做出这样的决定，他并不是在安慰和敷衍怀青，而是将怀青真正放在心上。

《结婚十年》中的故事到底有多少真，多少故事是苏青原本的经历，不得而知，既然苏青定位此书是自传体小说，必定是在写自己了，只不过人物艺术化罢了。

在《结婚十年·两颗樱桃》中，对苏怀青和应其民的情感剥落，何尝不是在吐露苏青与徐其民的感情经历呢。这么说来，苏青在新婚后就对婚姻产生了异心，萌发了一段新感情，而这种"出轨"为什么来得如此快，如此热烈？

这得追溯到大婚那天，苏青与李钦后不经意间埋下的"疤痕"。

一场新式的婚礼，被李家操办得热热闹闹，风风光光的。

在《结婚十年》中的婚礼现场，有亲友、朋友、家人、伴郎伴娘、司仪、证婚人等，里里外外围了许多客人，这样的人群熙攘中，怀青大抵记住了两三个人，自己的小姑和另外一位叫瑞仙的寡妇。哥哥结婚，小姑上蹿下跳地乐呵，长得又有些"特别"，苏怀青自然记住了。为什么一个寡妇，怀青还记得这么清楚呢？

文中说："一双银色高跟皮鞋，银色长旗袍下摆，再望上去，越过银色的双峰，在尖尖的下巴上面，玲珑地，端正地，安放着一只怪娇艳的红菱似的嘴巴，上唇微微翕动着，露出两三粒玉块般的门齿。"怀青在婚礼现场从盖头往上斜瞄去，独独地看到了一位妖冶的女子，并且"情有独钟"地从头到尾关注着，这与一位新婚女子在拜堂中的心情和表现是不相符的，为什么？

这也许就叫女人的直觉吧，一种不明所以的第六感呼之欲出。当新人挨着向长辈和亲戚们见面献茶时，新郎便让这位叫瑞仙的女子上前与怀青见礼。但见她幽幽地望了新郎一眼，娇嗔道："你倒好，也来搭我寻开心。"说着她脸红起来，并佯装生气不开心，随即又在新郎的笑容中笑意盈盈。这对话，神态，娇笑，真暧昧！怀青是何等聪慧之人，怎能不懂男女欢爱中的一颦一笑呢，这些细微的神情交流，怀青都收入了眼底。

接下来的闹新房、洞房夜等，新郎与瑞仙之间的互动，愈发加大了怀青的疑惑，这两人关系不寻常。再过几日，竟然听见他们一起调笑，唱起了《风流寡妇》，这让新婚中的怀青作如何想？

难过，悲愤，低落，后悔，五味杂陈是必然了。

但是日子还得过，不能因为一些疑惑而将刚兴起的家拆散吧。

怀青想，回到学校就好了。再也见不到这些"不干净"，而自己也自由了。于是，结婚后的一对新人便分居两地，各自忙碌学业，一切看似照常，但只有怀青知道，她的心已经丢了，对婚姻非常失望。

这是小说中的徐崇贤和苏怀青的结婚前后，实际上也是李钦后和苏青结婚情景的再现。

他们曾热情演绎过两地情书，但如今一地相思不复存在。

他曾经呼唤她：WC女士，怀青，青，青妹，我的青儿，随着通信的频繁，称呼愈加亲密。

那时年少轻狂，正值情窦初开时，热恋中的两人不得相见，只能在字里行间的娓娓呢喃里，感受彼此的气息、心跳，还有无限的渴望和深情的眷恋。怀青从心底呼唤着：崇贤，贤，贤哥，声声娇柔打在少年的心上，怎不叫人心思驰骋。

其实，苏青和李钦后的婚约本是媒妁之言父母之命，走的是封建传统的老套路。但恋爱可是自由谈的，且谈得如火如荼，欲罢不能。中学毕业，苏青便转学与未婚夫在同一高中部会合，可见他们对情感是迫切的，欣喜的，希冀的，是有一定感情基础的，却不想在新婚后便出现了拐点。这是谁的错呢？

谁与谁在远离，谁和谁又在靠近。

文中徐崇贤与瑞仙的暧昧，并没有因结婚而有所收敛，他们依旧我行我素地玩着"偷腥"的把戏，"偷"的滋味，倍加新鲜、火辣、刺激，两人一直不安分着。这根潜伏的导火索，让要强的苏怀青，怎能坐视而不见呢。她该争取丈夫，还是睁一只眼闭一只眼？

张爱玲说："遇见你我变得很低很低，一直低到尘埃里去，但我的心是欢喜的。并且在那里开出一朵花来。"

就在这时，苏青遇见了他，一位美好的男子，徐其民。她因他的温厚、理解、爱护而快乐自由着。大学生活，这般的绚丽灿烂，一切因为爱情踩着融融的银辉来到了。他们夜深人静的时候去游船，倾听空旷中那天籁的回响。他们静静坐在图书馆的角落，享受阳光，四目相对，莞尔一笑，刹那心动。

苏青说："整个的冬天就是迷迷糊糊过去了，每天我同他在一室中看书，每晚我同他在一桌上吃饭。他是湖南人，性格坚韧，坦白，乐观。我们谈得很少，但是却投机，我常觉得自己有一句要紧的话同他说，只是说不出口。"这一幕幕温馨的再现，主角是怀青，也是苏青自己了。

"桐花万里路，连朝语不息。"苏怀青和应其民并不像张爱玲和胡兰成这般有说不完的知己话，但他们朦胧的默然相守，亦如初秋的静美，让人安宁，迷醉，沉沦。

如果不是上天作弄，造物弄人，这条深深的路径会有人并肩走下去吗？

由不得谁想与不想，一位"来客"的突然造访，将小说中的怀青，现实中的苏青打回清醒中。

意外怀孕了，他们还要挣扎？

# 第三章  两颗樱桃

"我好比这颗多余的樱桃，应该摘去。现在这里只剩下两颗了——一颗是你，一颗是你的他。"说着，又将樱桃递到我手里。

——苏青

南宋哲学家朱熹道："胜日寻芳泗水滨，无边光景一时新。等闲识得东风面，万紫千红总是春。"这《春日》中，万千景致，五光十色，遍野馨香。

在春天，我们更多的是用眼睛去打探生活的美好，去勾勒外面世界的精彩，处处好风光，样样皆新鲜。我们心中的春天，是播种的季节，是放眼的未来，是又一次秋实的希冀。

其实，硕果累累，物草丰美，何须待到秋高气爽时。

一串串挂枝的红红的小小的樱桃，便是最甜蜜的收成。

但是在《结婚十年》中，应其民曾经递给苏怀青的两颗樱桃，不是欣喜，不是向往，更不是圆满的丰实。

她说："月儿已经悄悄地躲进到云幕中哭泣去了，我也不敢再看湖中的双影，只惨然让他扶上了岸，送到了车站，一声再会，火车如飞驶去，我的手中还不由自主地捏着这两颗樱桃。"

这一场人生羁旅，从月白的站台出发，它轰隆隆抵达何方？

悲怆，哽咽，苍老的天真，有没有离别的笙箫回荡在万籁俱寂里……

那颗摘下的"较小一些，也生得低一些"的樱桃，谁尝过它的酸涩情怀？

他们何尝不知，何尝不想并蒂而放的自由与肆意。只是，她已婚，为人妻，即将为人母。

这便是事实。

苏青通过《结婚十年》这部书为载体，完全地深入地表达了她内心的真实想法和情感纠结。那就是怀孕后的苏青或曾有过堕胎的荒唐想法，她想打掉腹中的胎儿，是对婚姻的失望，还是心中的一时"魔障"，不尽而知。不过，能知道的是她想重新来过，重新追求心中的幸福。这些在《结婚十年·两棵樱桃》中都有了印证。

文章道："回到宿舍，我简直直哭上大半夜。舍不得他，我只恨自己，恨腹中一块肉，当夜我就起了一个犯罪的念头，我想打胎。"

她继续说："我呆呆瞧着《孕妇卫生常识》与《育儿一斑》，心中考虑打胎问题。"

"应其民"不离不弃的关怀和爱护，让犹豫不决的苏怀青更加难以定论心中的选择。他好得几乎"完美"，如何能忍心舍去？

新婚中，丈夫虽也对她相敬如宾，但真正的激情早已不在。而在学校生活中，同学"应其民"对她是呵护有加，从不言得到。这对于从小缺少父爱的怀青来说，是非常渴望的，这样的男子不走进她心里去，还有谁呢！

本来，苏怀青的怀孕，对于"应其民"应该是重磅炸弹，他可以立即选择转身离开或怨恨求诉等，许都是情理之中的反应，却恰恰不是这样的。

应其民似笑非笑地，把这两本书递给怀青道："那是送你的，今天一早我特地跑到花牌楼去买来——昨晚上我对不起你。"

这是什么书？

"《孕妇卫生常识》与《育儿一斑》。"

他昨晚怎么对不起她呢？

"'告诉你吧，我说那是很好的事，你不会懂我的。'说着，他拉起我的手，用力捏，痛得我掉下泪来，一面挣脱一面说：'这算什么？'他似乎一惊，声音就温和起来，他说：'我们划回岸边去吧。'"

原来，昨晚他们又去划船了。原来，"应其民"情绪发生了异常，他心理的波动，都在那一"拉"一"捏"中尽显了，伤心、悲痛不言而喻。

但是，这一切随着新一天的来到，似乎烟消云散。"应其民"一大早去买书，是给苏怀青专门购买的孕妇书籍。

而且，他们的约会依旧，图书馆并肩看书，湖边一起散步，一起吃饭，原来的一切照旧，唯一有所改变的是，"应其民"对苏怀青的饮食起居更加无微不至地关心着，包括对孕妇生理心理的照顾，样样件件做得体贴、妥当。这样的一个男人，在这样的情形下，还对她不离不弃，苏怀青的感动可想而知，她该怎么办？

"我想打胎，但怕因此而遇到危险。几次想问问他，又觉得难于出口。"

这是非常矛盾的心理较量，是两种声音撞出的激烈回荡。让苏怀青三番五次提及到了要"打胎"，她真正地实施过吗？

有心去发现，揣度一二，或许有蛛丝马迹的线索了。当然，这个信息是千真万确的，不再是小说中的再加工。

一则报纸新闻，让猜想若隐若现地浮出水面。

1934年7月5日，仍然是《上海宁波日报》，刊登了一篇题为《宁波小姐冯和仪女士荣膺中大乒乓球赛冠军》的报道。

副标题载为："一百五十九女生中获首选备受吾乡旅京人士注目文学家并兼运动家。"

文中说："南京国立中央大学体育科女生部教授，为提倡适合女生体质之轻便柔软运动起见，特发起全校女生乒乓球赛，采取循环淘汰制，先于各学院中互相比赛，甄拔各学院中球技最上乘之一人，代表该学院，参加全校决赛。因中大女生众多，故自五月初开始比赛以来，于六月中旬，方结束各院校代表赛甄选并揭晓。吾乡冯和仪女士，竟荣膺中央大学文学院女生乒乓球赛冠军，按文学院女生数逾二十人，竟突露头角，已引起全校之注目，嗣于前日举行全校决赛，事前由女生体育部登公告于该校日刊。"

这仅仅是一场大学女子乒乓球比赛，报社记者却赋予了太多笔墨和极大热情对其进行了详尽细致的报道，一五一十如数家珍，细枝末节也没漏掉，可谓用心良苦。

苏青是大学生，宁波籍女大学生，因为她过五关斩六将赢得了乒乓球冠军的冠冕，于是，报社推波助澜，就有了以上洋洋洒洒的新闻报道。不知是报社缺新闻线索，还是苏青在宁波人心中已经成为一种自豪和骄傲的存在，这样轮番几次对她进行"推广宣传"，确实有些大肆渲染了。

我们不必去烦忧这缘故，真正觉得蹊跷的是：从五月到七月的大赛期间，正好是苏青身怀六甲的时候，为什么她还参赛，为什么都没有人看出她已然有孕在身，为什么这样激烈的运动中，苏青依然身体无恙，孩子好好地在腹中享受着运动的节奏、力量和欢快呢？

很值得思量，细究。

这些信息结合起来，似乎有种很微妙的猜测蕴藏其中。

苏青是不是真有"打胎"的想法，让孩子自然地流产，通过激烈的体育活动、长时间的运动来实现？我们不得而知。最后，当火车正轰隆隆地驶向了新一天，苏怀青手心上的两颗樱桃，还依旧闪烁着鲜活的艳色，等待有心人去品味，咀嚼。

人生的轨道伸向远方，车辙留下怀想，不管如何，历史如车轮飞驶，一刻也不得耽搁。

苏怀青和苏青，他们有时同为一体，有时各不相干。小说可以赋予各种各样的生活感悟、生命省悟和人生体验，允许存在真假转换，情节虚构，故事荒诞。但《结婚十年》以自传体小说定位题材，便确定了这部小说基本是苏青生活的经历翻版，苏青和苏怀青是合二为一的双面体，彼此映衬，彼此拷问，彼此纠缠，想在彼此的身上寻找到生活和生命的答案，仅此而已。

关于苏怀青与"应其民"的故事，《两颗樱桃》中许许多多的真情对白，各种场景的温馨演绎，还有不惜笔墨对心理和行为的描摹，都是苏青对这段感情的升华。想来多年以后当她提笔抒写往事，必定心有触动，因此人物形象更加丰满、形象了。

# 第四章　产女前后

古国古礼，无子为七出之一，为人妻者，无论你的德容言功好到怎样程度，可是若生不出儿子的话，按法据理，就得被丈夫逐出去；即使"夫恩浩荡"，不忍逼令大归，你就得赶快识趣，劝夫纳妾图后，自己却躲在"不妒"的美名下噙着眼泪看丈夫与别个女人睡觉。反之，情形就不同了：母以子贵，儿子若做了皇帝，你就是圣母太后。

————苏青

有人说，女子一生中最美的时刻，应当是初为人母时，她们由内而外弥漫着甘甜的奶香气，周身弥散着温厚与浑圆的融融暖意。她们满目生辉，眉黛巧丽，神情娴静，许是人间那枝莲，光华流溢，容颜鲜亮，没有任何人能与之媲美、争辉。

苏青做妈妈呢？

做妈妈的苏青，该是心中多么欢欣和满足啊，没有什么比生命延续更值得骄傲和鼓舞的了。

可是，在苏青的散文《生男与育女》中，她对生产的感悟和体会，却分明有着一种强烈的激愤和怨怼。这是为什么呢？

她道："'大小平安。我们明年待你生儿子时再来吃你的红蛋。哈，哈，哈……'邻居张四嫂，汪大婶子等挤挤眼一窝蜂去了。室中只余下产妇的惨笑面容，婆婆的铁青脸色，仆妇的无聊神情，及婴儿的呱呱哭声。"

这"哈，哈，哈……"如此刺激穿耳，似密匝的雷点，似挑衅的鼓点，一次次地击打在苏青的胸口上，窒息得令人心烦意乱，无法言说。而最该给予关怀的家人，他们的"面色""神情"，更叫人添堵添乱。

失望，冷漠，清冷，伴随着孩子的声声啼哭，愈发伤怀。

不就是生了一个女儿嘛！

如此，便失了公公婆婆的"宠信"和"爱护"，从天堂跌入凡间，苏青想不通了。

她想不通的不仅仅是"待遇"的悬殊差别，更重要的是从中省悟到的根深蒂固的封建思想。

"生产的是女人，被生的是女人，轻视产女的也是女人。生产的女人感到悲哀，被生的女人觉得不舒适，轻视产女的女人困在失望的痛苦中。生产的女人恨轻视产女的女人予以难堪而迁怒于被生的女婴，轻视产女的女人因怪生产的女人的肚子不争气而迁怒于被生的女婴，于是众怒之的——女婴——虽有'千金''掌珠'之名而不能有'千金''掌珠'之实矣！"

女人何苦为难女人！

生产了女婴的女人，被乡邻四舍的女人歧视；被歧视了的女人，怨恨起哇哇哭泣中的女婴。谁之过？

或许，在《结婚十年》中斩断情丝，辞别"应其民"回家后的苏怀青，曾有那么一阵子的温暖时光。公公婆婆的关怀照顾，丈夫也是十分细致。虽然小姑子时不时有冷眼冷语的讥讽，却都被家庭的温馨化为了"废话"。

那是在《养了一个女儿》中的真情流露，她说："贤的父亲说：'生平不曾做过缺德的事，如今怀青有了喜，养下来要是真是个小子，我想他的名字就做叫承德如何？'于是婆婆说：'承德！承德好极了！怀青一定养男孩，因为她的肚子完全凸出在前面，头是尖的，腰围没有粗，身子在后面看起来一点也不像大肚子。'"

一家人围坐一块儿闲谈，一切围绕苏怀青的肚子展开话题，婆婆一而再再而三地强调肯定是一个白胖男孩呢！似乎，就这么敲定了苏怀青生男生女的问题。公公还由此告诫自己的儿子："你以后还不快快用心呀，儿子也有了，可真了不得！"

家中氛围喜不胜喜，"孙子"即将到来呢，一切生气勃勃中。

怀孕，是一件"苦差事"，这不能做，那不能摸，许多事由不得自己，苏怀青是烦恼的。特别是左右四顾都护着她，盯着她，生怕有什么差池，"小子"不小心给"溜走"了。这个时期的苏怀青是家中的"大熊猫"，人人不能碰，不能骂，她也不能"随心所欲"。

她说："贤同我吵，他的父母就责骂他，因此杏英也处处敢怒不敢言了。还有黄大妈——贤家里的一位老女佣——处处护着我，生怕我一不小心跌了，生怕我吃错了什么生冷的东西。"

这家中贯彻的是：一个中心，两个基本点啊！以孕妇（小子）为中心，以安全、营养为基本点，条理清晰分明，落实不折不扣，执行力度刚性，谁也不能违反。

其实，这一切好光景，只因公婆心中的"小子"梦，让苏怀青的日子阳光灿烂着。

何谓希望越大失望愈大？

活生生的例子就在眼前了。苏怀青产下了一个女儿，就此，家中的气氛冷了下来。

想起医生不经意回答她"是女的！"那一瞬间，"顿时全室安静了下来，孩子也似乎哭得不起劲了，我心中只觉得一阵空虚，不敢睁眼，仿佛惭愧着做了件错事似的偷听旁人意见，有一个门口女人声音说：'也好，先开花，后结子！'"这句话是多么无奈。苏怀青的肚子不争气，一胎产女。

"明年准养个小弟弟。"另一个声音附和道。

苏怀青听见"婆婆似乎咳嗽了一声，没说话"。

小姑子倒是热诚道："可以给我瞧瞧吧，原来是女的，何不换个男孩？"

这孩子性别能换吗？

这样的言语必定是刺到了苏怀青心上。

《结婚十年》中苏怀青对生产的体悟，不用多说，想必也是苏青的感受了。她们不断在彼此交换的身份中，在文字的娓娓诉说中，找寻当初的心情，找到曾经的自己，必定是难以名状的心情呢！

因为苦楚，因为不甘，因为无处安放的心情，苏青撰写了一篇《生男与育女》的文章，这篇不经意地投稿，刚好为苏青撬开了一座文学殿堂的城门，让苏青有了平台，有了机会接触到上海滩出名的编辑和作家，从此走上出版和写作之路。

"有心栽花花不开，无心插柳柳成荫。"中国古代谚语，经得起千百年任何人的检验。

一朵雏菊真的开花了，但苏青却不知，她依旧沉浸在产女的低落中。

乳汁喂养孩子，这是母性的本能，母爱的原味，乃天地间最为芬芳的味道，苏怀青却因公公的特别关照，叫她不必自己喂奶，明年可以早些养个男娃娃，而失去了作为母亲应尽的"义务"，她伤心，也悲哀吧。

在《结婚十年·寂寞的一月》中，苏青诉说道："我没有话说，心想：自己的乳怎么多着不让孩子吃呢？薇薇虽然吮得我乳房很痛，但是我爱看她钻在腋下偎靠着我的样子，有她睡在我的身旁，我便觉得充实了，幸福了。"

佣人黄大妈从乡下物色了一位奶妈来，苏青文中说这人："她的身材又矮又胖，面孔是扁的，鼻子有些塌，看上去样子倒还和善。"除了能感觉本质的善良、纯朴，对这位奶妈的样子，怀青很是失望。而且想着自己的孩子即将投入到这位女子的怀中，那种失落与伤心可想而知。

孩子不再时时刻刻躺在自己的怀里，不能分分秒秒感觉到她温暖的呼吸，不能真真切切地触摸到柔嫩的肌肤，苏怀青的心情该是多么的复杂艰难。而且婆婆也有过吩咐，不允许其他人来打搅苏怀青坐月子。

这一个月是清静的，伤感的，低落的。

"我寂静地一个人睡在床上，时间似乎特别长。贤有时候也轻轻走进来瞧我，但是不太多讲话，有一次他吞吞吐吐地对我说，再过三天他要到上海去了，学校里已经开学。我点点头没有回答，心想瑞仙又该快乐了吧，幸福的是她，痛苦的是我。"

从苏青小说中的描写可以感觉到，贤与苏怀青的相处一直是有礼有节的，包括苏怀青月子中亦是，他们的确只是一对相敬如宾的夫妻。

委屈、不甘吗？

小说中的苏怀青她会如何做，现实中的苏青该怎样打发这无聊的光阴，她们的影子会在何处重叠？

　　张爱玲说："笑，全世界便与你同声笑；哭，你便独自哭。"

　　人这一生中，冷暖自知，而"浮华褪尽，人比烟花寂寞"。学会往前看，向开看去，一切如天空般，都会辽阔起来。

# 第五章　母爱无疆

那时我因为养了一个女孩子，家里的人都不喜欢，时时予我以难堪，我便不大和她们谈话，闲下来躲在房间抱抱孩子，孩子睡着了，边看写书。

——苏青

唐人孟郊诗云："慈母手中线，游子身上衣。临行密密缝，意恐迟迟归。"母爱如山似水，从古吟到今。母亲赋予孩子生命，呵护孩子心灵，陪伴孩子成长，只要有孩子的地方，那便是母亲魂牵梦萦的方向。

母爱相随，不离不弃。无论何时何地何境遇，天下母亲都会为孩子撑起一片天空，默默地给予自己的全部。

高尔基说："母爱是世间最伟大的力量。没有无私的，自我牺牲的母爱的帮助，孩子的心灵将是一片荒漠。"

的确，母爱是这人世间最美好、最纯洁、最真挚、最无私、最伟大的情感了。

苏青产女，有一个人无时无刻不忧心、挂记着。她是鲍竹青，苏青的母亲。

外孙女的降临，苏青多了心事，鲍竹青最懂；苏青现下的境况，鲍竹青也明了；而苏青此刻的心情，鲍竹青更清楚。作为母亲，不能时时刻刻照顾坐月子的女儿，不能分担女儿的忧思和愁绪，不能改变女儿目前的现状，或者，唯有置办一份风风光光的满月酒大礼，才能表达鲍竹青作为母亲、外婆的心情和心意。

而什么样的礼物才算大礼呢？

李家本来富有，予钱财没新意，也不需要，况且，这是给外甥女的大礼，自是应该围绕孩子来做"文章"。于是，就有了苏青在《结婚十年·少奶奶生活》中许多温暖的片段，让人真正理解、体悟到这种无私纯净的母爱之情。且将文中的外婆直接作鲍竹青看待，苏怀青作苏青感悟，这样更深刻更直接地体会到这份母爱之情。

苏青道："母亲送来的东西，又是这么多一大堆：僧顿小袄一百二十件，棉的夹的单的都有，滚领的颜色又不肯与衣服尽同，有的还绣花……莲红的，橘黄的，湖蓝的，葱白的绸子，织着各式各样的花纹，有柳浪，有蛛网，有碎花，有动物，有简单图案，有满天星似的大小点子，有浮云掩月般的一种颜色遮住另一种的，分也分不清，数也数不出，瞧得人眼花缭乱。"

一百二十件，呀！全是小袄子，不单颜色五花八门，红的嫩艳，黄的利落，蓝的纯净，白的雅致。面料也极为考究，棉和绸子的搭配，应时节不同，厚薄也不一。而袄子上织锦的各色各样图案，更是令人眼花缭乱，取材于生活中有趣的动、植物或自然景致，将它们全部绣到小袄上，别有创意，情趣丛生。

这些生动活泼的设计，会是谁的主意，谁的用心呢？

苏青内心自是一清二楚，"我知道这里有许多是五姑母费心设计的，选料子配颜色绣花团都是她的拿手本领"。

　　能干的五姑母，一帮慧心巧手的女子，她们飞针走线地勾勒，将慈爱付诸于丝丝线线中，将呵护、疼爱融进了一针一线里，她们用心用情编织这张密密匝匝的亲情网，将苏青包裹得严严实实，网中都是冯家人的关怀和暖意。她们是一群贤惠、勤劳、智慧的宁波女子，将地方文化、习俗、风土、人情等发挥得淋漓尽致。小小的丝线活，却是内蕴深厚的中国风、古典意。苏青在着墨诉说亲情温暖的同时，大大地宣扬了一番地方传统手工艺和民间文化特色，这也是她行文走笔的特点之一，一物一景总关情，都是她心中的一个梦啊，难以忘怀。

　　苏青将普通的人事，生活的细节，深入的思悟，通俗易懂地写出来，非常"接地气"，她的《结婚十年》和《续结婚十年》能大卖，也许就是基于此，因为她说的是老百姓心中的事，心里的话，心上的情，亲切自然，真挚感人，容易打动人。

　　苏青对母亲满月酒的大礼描写，远远不止这些。

　　她再道："此外又是各式跳舞衣一百二十件，连衣连裙子，细相的也有，圆筒状的也有，长短袖的都有，没有一件同式样，没有一件类似颜色……除了这两批以外，尚有大小衣啦，绒线衫啦，背心啦，披肩啦，形形色色，共三百六十件之数。"

　　三百六十件之巨！孩子能穿这么多吗？

　　三百六十件，或许不仅仅是一个数字的含义了。这些已然浸透了母爱，饱含了亲情，满满皆是感动，也许无法言表，只能多年后将这些点滴记录下来，将这段浓浓的爱与甜蜜在不经意间酸楚地忆起。

　　"大小花样不同，鞋子却又钩心斗角起来。弥月应该穿老虎头鞋，因此这老虎头鞋便足足做了十双，有大红绒绣黑白花的，有金黄缎缀黑绒花的，有湖色缎钉碎珠花的，有粉红绒映五彩花的，一只只老虎头上都有很大的'王'字，眼睛斜挂，黑白分明，十分神气。其他尚有船鞋啦，象鞋啦，猪鞋啦，兔鞋啦，狮子头鞋啦，花花色色，害得红黄绿白黑诸种软皮鞋都失了光辉，显得太简单太呆板了。"

从头到脚，这一身身一套套的穿戴，从帽子、鞋子，到袄子、裙子，大小衣服，可谓花色品种样样齐全，足可以开一间婴幼儿服装店了。

孩子能穿戴多少是其次，鲍竹青想表达的心意才最为重要。苏青是懂得的。

她说："生女儿真是件没光彩的事，女儿生了外孙女儿又是一番没光彩，我可怜母亲一世碰到不如意的事情真是太多了，这番又是何必勉强给我装体面，费心费钱地弄了这许多东西来给这里人们懒洋洋地摆上祀神桌上呢？"

一个"没光彩"，一个"装体面"，一个"懒洋洋"，足以表达苏青内心的全部。

原来，鲍竹青这份大礼，只是希望自己的女儿，在办满月酒时不遭白眼，能让自己的小外甥女圆圆满满地举行幸福的满月酒仪式。但，终究是事与愿违，苏青和女儿，并没有按照家族的习俗进行满月祀神，婆婆说，等来年小弟弟出生的时候一并吧。这就是封建社会的男女有别和不通人情，难怪苏青挥笔写下《生男育女》，这一切就顺理成章了。

她愤慨道："生女儿可就不同了：一女二女尚可勉强，三女四女就够惹厌，徜其数量更在'四'以上，则为母者苦矣。有嘲生女诗云：'去岁相招云弄瓦，今年弄瓦又相招；弄来弄去都是瓦，令正原来是瓦窑。'故女人能多弄几个璋固佳；若成瓦窑，不如不弄矣！"

看这言辞多么犀利，机锋带刃，火药味十足，也只有苏青敢说，敢干了。

关不住话篓子的苏青，从来没有想到过，当日她洋洋洒洒说的那些"气话"，会真的一语成谶！是不是该哑笑呢？

之后，接二连三的产女，让苏青吃尽了苦头，受尽了冷眼。她该如何接受眼前的事实，接受更多的打击和考验呢？

苏青的这些历练就是她的人生财富，一生的财富，正因为有了这些丰富的生活积累，才有了不断的生命体悟，最终成就了不一样的苏青，著名的作家、出版人。

苏青也曾问过自己："我能不能再回到学校里去呢？"那时，大女儿还在褴褓中，她的犹豫，只不过是徒添烦恼罢了。苏青的思想是前卫的、激进的，而她的行动是滞后的、传统的，苏青就是这么一个被新文化洗脑，却被旧习俗套牢了的女子。

张爱玲说："有一天微妙的文明，不论是升华还是浮华，都要成为过去。然而现在还是清如水明如镜的秋天，我应当是快乐的。"

世象衍生浮华，也成就升华，作为"文明"人，当记取当下，记取快乐，记取秋天的硕果累累的丰美。

泰戈尔说："我相信自己/死时如同静美的秋日落叶/不盛不乱，姿态如烟/即便枯萎也保留丰肌清骨的傲然/玄之又玄。"

# 第六章　好儿媳妇

天天我等着他，等着他，愈急日子愈长。清早起来看着偌大的一个房间，放着这许多器具什物，每次拭净又扬上灰尘，上了灰尘后又把它拭净，无数遍地替它们服务着，想想究竟有什么意思呢？

——苏青

古人称三寸的小脚为金莲，听起来玲珑剔透，活色生香，于是，三寸金莲这词就摇曳生动起来。

因为脚小，古代女子常常足不出户，她们从父从夫从子，一辈子生活在"家"这个"天井"中，成为孝女、贤妻良母，成就女子美德。

这就是封建社会下的男尊女卑，中国妇女的悲哀！

苏青不是旧式女子，也没有三寸金莲，但是在她做少奶奶的那段时光里，却对封建社会中的一些残存陋习有深入的感受和了解。

她说："我的母亲是城中有名的孝顺媳妇，她苦苦的孝顺了一辈子，始终没有孝顺出祖母的良心来，因此我就看灰了心，立志不做孝顺媳妇。哪知过门之后，我的公婆都是讲究遗传学的，他们相信女必肖母，把我照例的请安奉茶等习惯都看作孝顺的表现，我这个人是向来爱戴高帽子的，人家说我好，我便不忍坏了，因此改变方针，决定做个好媳妇。"

这样看来，苏青当初是下定决心，要秉承母亲的优良做派，秉承传统妇女的良好作风，将自己"包装"成李家满意的好儿媳妇、李钦后喜欢的好妻子、孩子倚靠的好母亲。她为这个目标，也曾经努力过，并朝着这个方向一步步地迈进。

家庭主妇，无非围着柴盐油米转，无非熟稔女红手艺等，想到这些，苏青不觉灵机一动，有了主意和想法。

她说："从六岁到十岁，我是走读的，那时年纪还小，母亲也不叫我做什么菜，吃饭时最多帮着分分筷匙碟子罢了。十岁那年的秋季我便住读了……初中时代我是闹饭堂能手……进了高中便是救国忙，弄得君子应远厨也，茶饭无心。大学膳食是自理的，校门口小吃店林立，生意极忙，餐餐有应接不暇之势。"

这是苏青在《做媳妇儿的经验》中描述的一段生活经历，看来，她对家务事还真是一位"无历经""无操持""无经验"的"三无"女子呢！

如此情形，苏青真能做一个合格的家庭妇女、李家少奶奶吗？

其实，苏青在学校时，是选修了几年烹饪课的，她"学会了一只炒鸡蛋"，这难得拿得出手的"技艺"，她找机会演绎了一番。她道："做媳妇时自然先卖弄这个仅有的本领，买了鸡子炒将来，给小姑尝过，也没说什么，可是怎么会不合公婆食性呢？事后研究出来，原来是搅蛋时盐没有搅匀，给小姑尝的一边还好，剩下来的便咸得不堪了。"

小小的厨艺，大大的学问。将鸡蛋搅匀，看似再简单不过的厨房活，苏青却不懂，也不会，做一次餐也被自己弄砸了。

苏青想，李家人的财力，富养苏青母女是不在话下的。不如摈弃家务活这种弱项，做好当媳妇儿、嫂子的本分，于是，她每天按时向公公婆婆请安奉茶，向小姑请茶，用长处弥补自己的短处，尽快尽可能地融入到这个家庭中。

宋·释道原《景德传灯录》中，僧问："学人不据地时如何？"师云："汝向什么处安身立命？"

安身立命——生活有着落，精神有寄托，这样的人生真好啊，满足，愉悦，幸福！

生活在这个世上，人人希望安身立命，个个却不认命安心，人心难测啊！

在这个四四方方的"天井"中，有吃有穿有孩子有家人，苏青真能安身立命吗？

有句经典是这样说的：理想是丰满的，现实是骨感的。追求与高度，向往与目标，落脚与归处，这许许多多的未知和变数，它们会慢慢地折磨人性、灵性、心性，它们会举棋不定，犹豫不决，停滞不前，或者会因此拷问对世界观、价值观和人生观的取向，让一切变得模糊而不确定起来。

苏青的憧憬是丰满的，现实生活却是很骨感。

一个家庭中，每个人的思想、观念、行为，这些是不一致的，必定会有磕磕碰碰，如何协调好，相处融合，需要彼此的包容、体谅、接纳，苏青试着去做了。

她在《结婚十年》中说："说起奉早茶，真是件够麻烦的事。公婆清早六点钟起床，等他们洗过脸，我得赶快捧两杯刚泡好的热茶上去。因此我至少须较他们早起床半个钟头，梳洗完毕，穿着得整整齐齐的，于是老黄妈给冲好了茶，由我用一只椭圆的银制茶盘盛着端了过去。公婆的茶都盛在两只有盖的细瓷茶碗里，燕子花纹；另外有一只无盖无花的绿茶盏，是专门泡茶给杏英喝的。杏英起得迟，有时候我已经在吃早点了，看见她起来，赶紧放下饭碗给她递茶去，但她总是有意和我过不去似的，瞥见我来了，便另外拿起杯隔夜剩茶汁来连连啜，一面撇嘴狞笑道：'嫂子不敢当，我的茶已经有了，你快去吃完了饭抱女儿去吧。'"

一个"瞥见"，一个"撇嘴"，一个"狞笑"，书中苏怀青小姑的为人作风便栩栩如生地展现在眼前。这还真是一个不懂事的"小姑娘"，喜欢作弄自己的嫂子，而苏怀青对她也是不屑一顾的，于是，"我没好气，便一声不响把绿玉茶杯重重放在她面前，啪的一声，沸水四溢了。"看来，这两人确实性情不合，八字不合，兴趣也不合。

苏青出身知识分子家庭，小姑生于商贾殷实之家，她们的生活环境，教育环境，人文环境，是存在一定差异的，思想、认识不在同一层面、同一高度上，她们的交流是有障碍的。如果她们能像张爱玲的母亲黄逸梵和小姑子张茂渊一样，有共同情趣，共同志向，共同追求，能做到一起逛街，一起游艺，一起品茗读书，那么，也不会产生这些隔阂和不理解了。可是，苏青却没有黄逸梵这么幸运，有懂她、知她、护她的小姑子，可左右不离。

苏青是一个对大千世界有着好奇心的人，她的人生就这么被"囚禁"在这小小的院落中，无奈地看春花逝去，看云朵归去，看月儿隐去，她心甘吗？

冰雪聪明、玲珑剔透、对生活有着细致入微观察力的苏青，有着这样的做儿媳妇经验总结，堪为经典。她说：

一、待公婆顶要紧的是"恭"，礼数不错，他们就是心里并不欢喜你，面子上也不得不还你以礼。换句话说，尊敬公婆便是尊敬自己。

二、小姑小叔辈能联络更好，否则也当竭力忍耐，避免正面冲突，只是淡然不大去理会他们，公婆也不能怪你什么。

三、不多讲话，这是好媳妇必具的条件。因为态度不好责备起来尚难，而一句话说错了，使授人以把柄。

四、处处表示你是好出身的人，千万不要说出娘家，娘家亲戚，以及自身的短处来，那些除非瞒不住，久之给他们自己得知了，没有办法。而且，你千万不能说出娘家，或娘家亲戚与你有不和的事。

五、待夫家的亲戚要特别客气，恭敬。

六、不要在公婆跟前表示同丈夫亲热过分的样子；也不要表示待儿女爱惜过分的样子。

七、时时要暗示他们自己能够做孝顺媳妇，也能在必要时中止孝顺，假如他们真个不识抬举的话。

从大世界中窥探微生活的真谛和本质，这种智慧的领悟力，无疑让苏青能得心应手地处理好家庭关系，而少奶奶的安逸日子，这种枯燥乏味、一成不变的生活，如果苏青不作多想，也是能继续的。但是，这位受过高等教育的女子，她无法这样安心下去。

空闲、无聊、单调，对于一个年轻女子来说，特别是对于苏青这样有思想、有知识、有文化的新式女子来说，近似一种心理折磨，她确信自己不能这样碌碌无为下去。

于是，苏青找到了一位亲戚，请他帮忙为自己找些事做。

这位亲戚的威望和地位应该是在当地有一定影响力的。苏青在《结婚十年·小学教员》中提到:"他说:机关犯不着,还是暂在学校里教教书吧。于是他便写张名片介绍我去见县教育局长。"看来,这位亲戚必定是当地要员了,教育局长能按照他的条子照办,就知道他的手腕和能力。

这个学校名培正小学,《结婚十年》中苏青写的是"培才小学"。

她说:"我教常识,一样也同国文教法,先自读给他们听,再教他们如何写法,之后,便完了。次序方面是先低级到高级,从春一起,而秋一,而二年级,而三年级,而至于四年级。我和他们约定,当我在教别年级的时候,未教到诸级须先自己看一遍,不懂之处,等教到时再提问来问。"

这是一所私人学校,加上校长,也就三位老师,管理秩序混乱,教学机制不全,一个老师负责多班级,多课程,而且,学生并不听话,"他们总不肯照我吩咐,吵吵嚷嚷,混乱极了。"

当初,苏怀青拿着亲戚条子去找教育局长的时候,就生了一肚子闷气。那位教育局长的傲慢态度,让骄傲的苏怀青很吃不消,她说:"像这种屋子,就是他把局长位置让给我,我也不高兴来办公呢!"不过,她的理性最终战胜了她的情绪化,她做了一名光荣的老师。

本来,上班的第一天,苏青还刻意打扮了一番:"穿着紫红的薄丝棉袍子,小袖口,高领子硬绷绷托竖起清瘦脸儿,外面披着件纯黑呢,花皮翻领,窄腰大下摆的长大衣配着高跟鞋……实在不像个当小学教员的样子。于是红颜薄命再加上怀才不遇,两重委屈,把千古才子佳人的哀思都聚集在一起了。"

"怀才不遇""委屈""哀思",这些抑郁不已的情绪,也许一开始苏青就带到了工作中,总觉得自己"大材小用"了,这样的心态，她能在教学中体会到快乐吗？

肯定不能的！

对教书兴致不太高的苏青，寻了一个借口，辞去了学校工作。这一段不太长的教师经历，只是苏青人生中的小插曲，转瞬即逝，没留下太多的回忆和想念。

其实，此时此刻，她一直思念着一个人。

她说："望着天，我其实也没有什么想头，飞又飞不上去。住在地球上，活在人世间……这个世界上恰恰就像是多了一个我似的，譬如说吧，贤与瑞仙本来相处得正好，我来了，便成为多余。公婆杏英等同住在一块也该是很安静的吧，有了我，就有人不肯放松。薇薇有奶妈抚养着，有她的祖父祖母照顾着，也是用不到我的。甚至于其民吧，他爱读书，他爱工作，假如再爱了我，也就增加麻烦了。"

他，在哪儿呀？

# 第七章　掩卷·时光如书

　　总有些不经意，在转弯处回眸。

　　不是不懂，不是不想，不是不知道踟蹰的因由，却依然落下举棋不定。如今已被推上岁月的祭台，我们还一味地俯首吗？

　　有些琴弦，知音难求。

　　有些金石，岁月难书。

　　有些时光，人事，爱恨，像雾像雨又像风了。

　　无非对与错，无非好与坏，无非真与假，无非这一场走走停停，它多了些生命的承重。

　　无非我和你，我和你的他（她）们，几番纠葛，几回游走，那又如何？

　　终究我和我，我和日子，和故事，和尘封的一切与一切，作了时光书。

　　有人为它掩卷而泣，有人悄然路过。

　　而你，总是不经意，在岁月深处静静地垂首、回眸。

　　月光如玉，时光如玉。

# 第四篇
## 浣锦裂帛

我相信一切能够听见
甚至预见离散，遇见另一个自己
而有些瞬间无法把握
任凭东走西顾，逝去的必然不返

请看我头置簪花，一路走来一路盛开
频频遗漏一些，又深陷风霜雨雪的感动

——泰戈尔

# 第一章　为伊归来

> "月不长圆花易落，一生惆怅为伊多。"这两句话却也勾动了我的愁思。
>
> ——苏青

有人说："短暂的是人生，漫长的是等待。"

于是，漫漫的岁月中，你不来，寂寞便来了。

于是，寂寞地等待便衍生了千滋百味的一些道不明说不清的情绪，时而空洞，时而希冀；时而低落，时而企盼；时而放下，时而向往。诸多的万般无奈，在念与不念间，在想与不想里，在愿与不愿中沉浮，不由心，不由己，不由时。

"'月不长圆花易落，一生惆怅为伊多。'这两句话却也勾动了我的愁思。"苏青说。

何来愁思，何时愁思？

在《结婚十年》中，归宁的苏怀青揭开了一切答案。

一首唐人吴融作的《情》诗，本是邻居徐秀才形容女儿凤珠为情所困的心境，不曾想，却在不经意间深深地撩动了苏怀青心底的波澜。

从辍学到产女，从产女到做好儿媳妇，从了无生趣的家务中抽身做小学老师，苏怀青一直在试图改变自己，改变生活，改变轨道，但终因各种缘由，她不得不回到了四四方方的"天井"中，继续扮演着母亲、儿媳妇、嫂子的角色。当然，她也在等待着。

她在等什么？

或许，这等待饱含了太多的酸楚和委屈，唯有自知。

还好，据说"N城的老派规矩，女儿出嫁后的三年中，总是接回娘家来过夏的。"苏青在《结婚十年·归宁》中欣喜道。

这的确是一个暂时逃离现实与樊笼的好由头，小说中的苏怀青打起主意来。她先是给母亲悄悄去了一封信，说"如何依恋想念之情，说渴望能够再与她同住"。这样动容的话语，满满地感动，感怀，作为母亲，心生疼痛便自然了。除了赶紧差人来徐家提及女儿归宁的事情，她还能做什么。

对于归宁，在苏怀青的心里无非是逃出樊笼一阵子，卸下无聊、烦恼的枷锁，而令她没想到的是，公公婆婆却对此无比重视，按照风俗习惯，早早地准备了若干回门礼物，婆婆亲自安排、督导，不肯假手他人。

苏青小说中说："我婆婆在端午那天为了拣这个顶粽，不惜大费周折把全体粽子都排列在四张八仙桌上，端详了又端详，最后还得听凭公公来决定——究竟这只高出侪辈的顶粽是否真能出类拔萃呢？我们俗眼也是分辨不大出来，不过既然是公公挑的，便没人敢反对，一家之主挑只尖儿，还会有错吗？"

这么多的粽子，密密麻麻地摆放在堂屋中的八仙桌上，个个顶角的，"长长尖尖的苗在上面，下面三个角给它支平稳了，一只只簇在盘中多好看！据说张献忠堆小脚山，拣这个娇小尖翘的金莲放在上面作顶子。"婆婆这一番细致到位的解析，不但道出了地方风俗文化，同时也体现了对儿媳妇归宁的热忱与重视，全家总动员，公公指定尖顶粽子，小姑热络参与其中。

小说中的徐家，是一个典型的民国封建家庭，尊崇儒学，严守规矩，注重门风，同时善于接纳一些新鲜的人事，特别是在选择儿媳妇的做法上，便能隐约感觉徐老爷子的观念和理念，是求新求变的。希望高知新派女性能融进这个保守的家庭来，这种思想是进步的，心怀是开阔的，眼界是高一筹的。

有人说苏青执笔，不偏颇，不偏袒，忠于自己，忠于内心，她可以是在说某件事，某个人，某些群体，某种现象。但是，她绝不会针对人、事、物，只是通过这些现象和线索，发掘其背后的深层次意义和内涵。

苏怀青归宁那天自己好一番收拾，"着淡红绸薄夹袍……外套浅灰色短大衣，一条五彩花手帕插在左袋口，半露出像朵杂色的鸡冠花"。她也将女儿薇薇"打扮得花团锦簇"，一行人分乘三辆车子，浩浩荡荡地回娘家呢！

古往今来，天下母亲，最是心热心暖。女儿和外孙女的到来，让苏怀青母亲开始天天忙碌操心起来，吃的，玩的，用的，全部妥当细致安排，希望这对母女能舒心舒畅地住下，当然，外甥女薇薇是住一宿就得回徐家的。

苏青小说中道："接着三道茶来了，先是上好龙井茶，我与薇薇及奶妈各一杯，奶妈杯中没有玫瑰花玳玳花……其后便是桂圆汤。""她一会儿对准薇薇同奶妈瞎攀谈，一会儿忙着分配糕饼水果，一会儿又关照林妈说快点做点心。"真是可怜天下父母心！

苏怀青这次归宁，从婆家精心准备各种礼物，到母亲细致入微的温情关怀,她在感动、感怀之余,其实内心的某些空白,是无法用亲情的温暖来填充的。这种苦涩与酸楚,怎么能向母亲启齿呢?

"你也不必太自烦恼,小姑终究要嫁人的,好在公婆待你都不坏。就是家里住着拘束些,也应该的,现在做媳妇总比以前好得多了,只要等到崇贤毕业,你们就可以到上海组织自己小家庭去,薇薇交给她祖母好了。万一她祖母不肯,我也会养的。"一语道破玄机!母亲是懂她的,懂得她的一切,一切不安与焦虑。

"小家庭",多么温馨的字眼,从此在苏怀青心中扎根落户了。

正是这次归宁,让苏怀青充满了对生活的憧憬和期盼,潜移默化里有了一份对未来的规划。

但也是这次归宁,一些意外的遇见,却深深地埋下了伏笔,影响到苏怀青的一生。

如果,苏怀青没有遇见余白。

如果,她没有和余白、凤珠三人去划船。

如果,他们没有在划船时巧遇苏怀青的五姑母以及她的学生、摩登女郎胡丽英。

可是没有如果,时光没有倒流,无法追溯和改变,某些机缘巧合的注定,让这些不经意的人事,慢慢地重叠起来,影印成一出深远的剧目。

他们都在剧情中,幕布已然缓缓拉开了。

这位余白是谁,胡丽英又是谁,凤珠与他们,他们与苏怀青,又有着怎样的发展和关联?

原来,余白乃徐秀才家亲戚,徐太太侄儿,正在上海念大学。因为母亲生病，他时常回家探望，自然也会到徐家看望长辈，而凤珠则是徐家的独生女，她一直暗恋着表弟余白，却是"落花有情流水无意"，余白对凤珠只有姐姐般的尊重。而恰好这时，一次划船中的无意遇见，让余白、胡丽英、凤珠、苏怀青他们一同遇见了，余白对胡丽英一见钟情。而后，经过命运的杠杆撬动，他们的人生轨迹悄然发生改变。

余白真实的身份是小说作家徐訏，他毕业于北京大学哲学系，回到上海后，在林语堂创刊的《论语》《人世间》杂志社做助手，而不是苏青小说中说的大学生身份，且徐訏当时在上海文学界已有了一席之地。1936 年 3 月他与人创办了《天地人》半月刊，并向苏青约稿。但在《天地人》杂志办刊半年后，徐訏远赴法国留学，由于各种原因，苏青最终没有在这个刊物上发表过文章，实乃遗憾。多年后，苏青兴办《天地》《小天地》时，是否有《天地人》，有徐訏的影子，不得而知。

而小说中的胡丽英则叫赵琏，是徐訏的第一任妻子，他们和苏青同一年结婚。他们的故事演绎，便是从苏怀青归宁开始的。

母亲对苏怀青归宁期间无微不至的关怀，有时让她难以吃消。苏怀青是知道母亲经济困难的，一个没有丈夫的妇女，经济来源无疑局限，卖掉谷物是经常的，苏怀青如何舍得母亲花去这些不必要的钱，目的就为了她在家时能吃好，用好，喝好。同时，苏怀青也不得不面临亲朋好友走动时的花费，东家送了礼物，西家也必须得去，带回的十个大洋没了，但是还得继续将亲戚朋友照拂到，不然母亲的颜面何在？

最终，苏怀青不得不当了结婚戒指，以光鲜体面的形象完成这次归宁。

这种人情世故的应对，多少有些无奈，谁能感受个中滋味呢？

正当苏怀青万千感慨的时候，徐崇贤从上海归来的消息传来。于是，母亲便以最快的速度为苏怀青打理好行囊，催促女儿上路，并递上了一个盒子。

"有一对……这只是……是我预备归西时戴……戴了去的……"母亲呜咽着泣不成声道，"眼泪撑不住纷纷坠下来。"

"直到车子去远后想到自己手中还握着块硬的——但是已经不凉了的东西，才定睛看时，原来却是只与先前一模一样的，我母亲本来预备她自己戴着入殓用的红玫瑰宝石戒，我的泪淌了下来。"

可怜天下父母心！

可怜怀青的心与苏青的疼心心相连着，小说里外，一出说不清的故事继续演绎着。

# 第二章　海上花开

一路上我心热得很，觉得真正的幸福要开始了，这里一切都是新的，而且自己做得主来。

——苏青

"'今天船到得特别早，'他笑嘻嘻说，'爸妈还睡着吧'？"冷不丁的，苏怀青听见一个似曾相识的清音轻轻地拂过耳际。

她说："我穿着件纯白纺绸的窄短袖高领子长衫，边沿一律镶上淡竹叶青颜色的滚条。那时太阳刚从窗格子里吐进来，我笔直站在镜前，正端详间，瞥见另一个顾长的影子突然从身后转了出来，那是贤，早来得出乎我意外！"

这是一个美好的清晨，此情此景，不单单是温馨、浪漫、心动，它还略带小情绪，有些许悸动的酸楚和委屈呢。而诸多的纠结，也在猛然间发酵，蔓延开去，但终归还是在一句简单的"也许""我不知道"中，万般离愁化为了绕指柔。

她是想他的，一定的。他也曾想她吗？

这个问题，她始终拷问着自己，他在上海有"瑞仙"，还会惦记着一个她？

《结婚十年》中苏怀青对崇贤的不放心，一直让她猜忌，疑惑着。

而实际上，徐崇贤的原型李钦后在有了孩子为人夫君后，已然有了很大的改变。

这位一直富养的公子，并不像其他"富二代"一样，时时向家中伸手索取钱财，他在经济上是崇尚独立的，希望自己经营事业，能自给自足。即使是他与苏青在上海经济最困难的时期，也不愿意求助于家中，这样倔强的坚持，最容易造成夫妻间的分歧，直接影响到情感。

一个家庭，不能自保温暖，何来安家兴旺呢？当然，这些都是后来发生的故事了。

苏青在《结婚十年》中将这对小夫妻的团圆，刻画得十分生动，将彼此的心理，细微的动作，作了惟妙惟肖的描摹。不是新婚，却也甘甜如饴。

恰当的气氛，恰当的时机，恰当的理由，便有了对未来日子的重新规划。

《结婚十年》中说苏怀青随崇贤赴上海，是崇贤主动提出的，他不希望苏怀青在家中孤独，不开心。

但事实上，最终张罗此事的人是苏怀青的公公，他对儿子道："你明年快毕业了，只差两学期，得好好用功一番。学校里寄宿恐怕太嘈杂吧，我想假如有相当的房子，还是让怀青一道跟你到上海住去，你上完课回家里，她也静静地帮你抄写抄写。"

而后，徐家托付上海的亲戚，找到了相当的房子，小两口双双赴沪的事情便确定下来了。

细细斟酌，这件事显然有公婆撮合的意愿。他们会想，如若怀青去了上海，不但能照顾好上学的崇贤，解了生活上的后顾之忧，而且两人还可以培养感情，说不定还能早日抱上孙子呢。老人家的想法是周全的，热心的。其实，苏怀青和徐崇贤应该也有此意，正称了此心。

于是，苏怀青告别公婆，告别孩子，离开了故乡宁波，随丈夫赴大上海组建小家庭。这对一直企盼新生活的苏怀青来说，充满了憧憬和喜悦，希冀和心动。

特别是《结婚十年》中描写苏怀青临行前收拾衣物的情景，着墨颇有力量。

苏青写道："我与贤也商量着衣服皮箱该如何带法。贤说：'这个倒是容易办的，你就先带夏秋两季的单薄衣服，冬天大衣被垫等我们索性下次再来拿吧，只是你的零星东西太多，有许多不必要的，我看还是一起撂在这儿。'"徐崇贤对苏青的建议是商议的，口吻是轻柔的，他认为其实最好轻装从简。

但苏怀青却不这样想。

她说："衣服少些我不要紧，但是玩意儿都是我逐日心爱挑买来的，不带去，你上学校听课时，我一个人孤零零的寂寞起来拿什么来消遣？"

看来，苏怀青这心性，还似小姑娘般，怕丈夫早出晚归，自己怪冷清的，倔强着要将平时的玩意儿都带去，一副不依不饶的孩子模样。

崇贤说："你要带也随你，但是轮船相当挤，在路上遗失弄坏了我可不管。"

本来是一句很自然平常的提醒，苏怀青却不依了。她生气道："谁要你来管？我们就到了上海也最好大家各管各，你读你的书，我去找事做。"

这话火辣辣的，无疑很过了。说话没遮拦，直截了当不留情面，这是小说中苏怀青的个性特征，而其原型，现实中的苏青何尝不是呢。

你中有我，我中有你，彼此映照，彼此对照，苏青在苏怀青身上，一点点地投射着往昔的影子，她不避讳自己的问题和缺点，照样曝光、批判。

就拿打点行李来说，小说中的苏怀青就有明显的娇小姐脾气，喜欢独断，也不大听劝，是一个以自我为中心的人，这也为今后不协调的婚姻生活埋下了伏笔。

苏青的过人之处，便是为人处世坦坦荡荡，写字行文方方正正，诚实于心，诚实于事，诚实于人，这样的作家实属难得，令人钦佩！

在家乡山山水水的养育中，在人事风土的洗练里，苏青的文学细胞从萌芽到抽枝，从疯长到结穗，她遇到了一个最好的平台，遇见了一位伯乐，让她在短短的几个月里，便发表了四篇文字。

1936 年 8 月至 10 月，她分别在《论语》上发表了《生男与育女》《我的女友们》，在《宇宙风》上发表了《科学育儿经验谈》和《现代母性》。

而《论语》和《宇宙风》杂志，是林语堂兴办的当时在大上海鼎鼎有名的刊物。

发现她的伯乐便是《论语》的编辑陶亢德，这位与徐訏同被鲁迅称为"林门的颜曾"的编辑，一手提携了苏青，发掘了苏青潜力，可以说，他对苏青文学生涯起到了至关重要的作用。这里被鲁迅提到的"颜曾"，是指孔子的门生颜回和曾参，陶亢德和徐訏则是林语堂的得意门生。

正因为陶亢德看中苏青的文字，将苏青不自觉地引向了文学大道，引领到了更高的层次上。这是机缘巧合，更重要的是，苏青的文学素养已然具备了相当的实力。

即将与故乡告别，带着梦，带着行囊，带着憧憬，苏青在《结婚十年·来到上海》中说："出了港口，海面骤然显得宽阔了，远远的岸像条青线，海水则是黄苍苍的，再驶前去，连线也不见了，一片滔滔，荡漾着无量海水，把我瞧得惊然起来。我说：'贤啊，假如此刻轮船遇到了险，渐渐地沉下去了，我们将怎么办呢？'他笑笑道：'你怕吗？'我偏着头想了一想，才毅然回答道：'假如有你在一块，我是不怕死的。'"

苏青描写的苏怀青心性纯真，说话还透着些许孩子气，一副未见长大的模样。

结束一段过往，开始一个未知。

一些故事收梢了，一些故事却刚刚发酵着，等待有人揭幕去。

徐崇贤和苏怀青立于甲板上，远方是一片浩淼的大海，也是一场遥不可及，他们即将奔赴其中。

苏怀青说："两个人死在一块总比一个人孤零零死去的好。"

她怕离别，怕背叛，怕抛弃，怕一种莫名的孤独涌上心头。

她对一切否定着，又对一切希冀着。她对丈夫说："贤，你到了上海可不要抛弃我呀。"

面对即将开始的新生活，许多的不确定，让她深感疑惑和不安。

其实，她始终是一个涉世未深的女子，从大学校园直接跨入少奶奶的行列，期间虽然有过小学教师的经历，但是时间毕竟短，接触的除了两个老师，其他的便是学生，人际关系环境非常单纯。

她想到的是："抛别了亲生女儿，抛别了娘，抛别了一切心爱的物件，跟着一个生疏的丈夫到上海来，前途真是茫茫然的。海面是这样的宽，海风是这样的凉，整个世界都是黑沉沉地，我觉得脚下松松的，人像浮着，又仿佛在飘，心里老害怕。"

她的忐忑，在焦虑中愈发的深沉，许多联想不自觉地跳出来。她说：

"假如他不大关心我……"

"假如他只关心着瑞仙……"

"假如他有了什么意外……"

"这可怎么办呢？我真急了。"

这种莫名其妙的假设，在苏怀青心中慢慢地成了一种隐疾，非常可怕。

她将如何摆脱这种臆想的桎梏，或许，大上海的丰富多彩便是一剂妙方。

苏青作导演，苏怀青表演；苏青作编剧，苏怀青是主角；苏青作原型，苏怀青是影子。她们彼此不分，书中虽然道怀青的一切，但意识里却全是苏青，这就是读《结婚十年》的心情了。

# 第三章　爱巢遗梦

茫无边际的黑海，轻漾着一轮大月亮。我的哥哥站在海面上，背着双手，态度温文而潇洒。周围静悄悄地，一些声音也没有。溶溶的月色弥漫着整个的人心，整个的世界。

——苏青

张爱玲说："生活的戏剧化是不健康的。像我们这样生长在都市文化中的人，总是先看见海的图画，再看见海；先读到爱情小说，后知道爱。"

这是非常经典、有内涵的警句。"张说"之所以迷人，引发共鸣，令人爱不释手，或许与她对社会、生活、人性、情感的独特见解有关。有人说张爱玲的文字独树一帜，辨析度高，词藻既冷艳，又活泼；思想很跳脱，亦深邃；题材多别致，且有代表。不管是在民国时期，还是 21 世纪的今天，其煽动性和传播性都非常强，丰富体悟带来的心灵冲击，直捣人心窝子中去。

而同为上海"双璧"的苏青则不同。"苏说"求真、务实、直接、大胆，她会告诉你一个理儿，一个观点，一个最终，不善"布疑阵，设悬疑"的她对文字的布局、结构、节奏、开合等的把控和推动，与张爱玲的精巧与细密大相径庭，但都同样具有蛊惑性。前者为你解惑、释疑，后者等你揭秘、澄清。

风格迥异的两人，成为文字知己，的确很使人疑惑。

张爱玲生长于大都市，苏青成长于乡野间，环境虽大不同，但她们的心性和觉悟是近似的。她们的人生观，价值观和生活观，有许多契合之处。特别是在情感上，二人与胡兰成的某些"交点"，可感受到她们对爱情和择偶的态度，取向有大同小异之处。

报社记者曾经组织过一次张爱玲和苏青的"对谈"，话题为"妇女职业婚姻家庭"，在谈到"标准丈夫"时，苏青说了五点："本性忠厚；学识财产不在女的之下，能高一等更好；体格强壮，有男性的气魄，面目不要可憎，也不要像小旦；有生活情趣，不要言语无味；年龄应比女方大五至十岁。"而张爱玲对此是基本赞同的，不过她还强调了一点："男子的年龄应当大十岁或十岁以上，我总觉得女人应当天真一点，男人应当有经验一点。"这种大胆、前卫的非常言论，出自四十年代上海滩两位当红才女之口，便可探知她们非凡的洞察力了。

如果以她们的"爱情故事"为蓝本，不难发现，以上的观点多有印证。

胡兰成长张爱玲10多岁，"因为懂得，所以慈悲"，一纸婚约，手续近似"儿戏"，却有人说这种荒唐不落俗套，反而很符合他们的思维和风格。胡兰成成熟聪颖，才华出众，有着丰沛的情感经验和丰富的情感经历，对于初涉情感的张爱玲来说，这位"大叔"的确魅力非凡。

李钦后和苏青年龄相仿，说起来两人是应"父母之命媒妁之言"走到一起的，尽管他们也有自由恋爱的成分，但到底还是属于一桩传统的姻缘。

说忠厚吧，李钦后肯定算不上，不然他也不会走上"贪污"的不归路。

论学识和财产，李钦后虽然毕业名校，家庭经济状况也在苏青之上，但是，因时局的动荡，挣钱困难，这些优势也慢慢地消退。

当然，李钦后也有突出的优点，超过一米八的个头，高大健硕的体格，很有男人味。不过，他好灯红酒绿，喜社交应酬，在苏青眼里并不懂生活情趣，而且，生活社交中体现的粗鲁和自私，很令苏青反感。他喜欢光着膀子在露台上冲凉；爱与底层的劳工发生争执；消费大手大脚，饭桌上少不了"好菜"；酗酒后时常三更半夜回家，闹得街邻不安宁。这些不良的表现，当然是与苏青理想中的"标准丈夫"相悖的，也为他们的婚姻生活和夫妻情感不和谐埋下了伏笔。

当然，新婚燕尔时，这些生活矛盾，在当时并不突出。两地分居的惦记和想念，倒是一定程度上促进了彼此情感的增进，相见时别有一番甜蜜和温存。可一旦在上海建立了小家庭，他们还会享受到因依附大家庭带来的轻松吗？

这不，说到问题，问题它就找上门呢！

苏青和李钦后在上海有新家了，即将开始打理这个家了。

第一件事先从置办柴盐油米醋开始，两人一合计，热情张罗起来。对于这一段感受，苏青是通过《结婚十年》来诉说的。

她说："米是一元钱一斗，煤球九角一担，留下地址叫他们送就是。于是我们又花四角钱买了只小煤球炉子，买了两只略有大小的钢精锅子，铁锅是 N 城买好带来的，其他一时也想不起什么，于是贤拎了煤球炉子，我捧着钢精锅子，在归途中又买了十只熟咸蛋……"这些家什的置办，小说中的苏怀青和徐崇贤倒是不含糊，一桩桩一件件逐一采购到位。文中提到的N城带来了铁锅来，或许能体会到他们对新生活、小日子的重视和向往。他们是早早有打算，认真在计划，有条不紊，有板有眼地做着准备，毕竟生活不是"过家家"，事事都要有人做，样样都要有人管。

本来，兴高采烈的两人，将这些事办妥后，即可一起准备一顿完美的晚餐。

但听到"煤球久久不送来"才知道这计划不如变化快，做晚餐还"欠东风"呢。

于是，"我说：'叫林妈去催一声吧。'"

贤却答"她又不认得路。"

"那么你自己去一趟吧。"怀青又道。

却听贤很男人地回答："这是主妇分内事，我不好代庖的。"

推诿，推诿，我"让"你，你推我，这小夫妻俩都很"礼让"，较上劲了。

苏怀青道："我很生气，偏不肯动脚步，但挨到天黑时他们也就自己送来了。"

煤球这东西，有生活经验的人都知道，个头不大，体积也不重，但是，如若一堆积累在一起搬运，那还是有分量的，而且煤球面目"可憎"，黑黝黝脏兮兮的，叫怀青去运回，贤在家中坐等，似乎确实是件令人生气的事情。

两人怨怼起来，于是赌气，找气。

以前苏怀青独自在N城的时候，她的胡思乱想，郁结苦闷，撕碎的是自己的心，与他人无关，算是一个人的"战争"。而现在，两个人世界里的抵对、争执，引发的却是硬碰硬的"抗战"，这些怨恨、发泄，于是有了新载体。矛盾主题转移后，纠结新形式开始了，只是这不起眼的变化，他们未察觉吗？

本来阳光灿烂、美好朝气的新生活，应该是略带着小新鲜，小刺激，小心动的。但任性自我，互不相让的两人，他们之间似乎少了些什么。

是相守的暖热，是扶持的相知，是信任的互助，还是夫妻应有的包容、懂得和爱护呢？问题的协调，情感的沟通，苏怀青和徐崇贤面临着彼此的融入和接受，他们会重视这些小裂痕，会用心去修补吗？

受过高等教育的徐崇贤，"大脑子"似乎装着"小意识"，封建思想根深蒂固，俨然大男子作风做派，什么该女人做的事情，男人"不好代庖"了，纯属扯淡、推卸。而苏怀青也附着小姐气，不善于退让和妥协。

民国时期，意识形态的转变，观念理念的更新，潮流思想的冲撞，让这种新旧矛盾愈发凸显、尖锐。特别是受过新式教育的人，生活在旧式家庭中，所产生的问题和矛盾，是极不容易调和和解决的。这些问题和矛盾的根本，也许源于他们心灵深处的一个觉醒的"我"与一个沉睡的"我"的相互抵制和彼此交融。这是一种时代病。

李钦后和苏怀青，极富有代表性。苏怀青满脑子新思想打转，手脚却被捆绑束缚着；安于做少奶奶，却不安心这样过一辈子；想守着丈夫，又不时蹦出做职业女性的想法。这种挣扎的想法里，很不容易寻找到出口和定位好人生。

越来越多的琐碎需要苏怀青和徐崇贤共同打理、料理。有了新家，徐崇贤决定宴请朋友，但是，却被不懂烹饪的苏怀青给搞"砸"了。

贤说："麦片做得不好吃，客人都皱眉。"这本来是一句顺嘴的话，不带有批评和埋怨的，但是苏怀青听来，却不是这味了。自尊心特强的她，立马"羞恼交进，索性掉下泪来同他吵"，并宣称"明天你打发我同林妈一齐回 N 城去吧"。一副不依不饶的哭闹样子，让徐崇贤下不来台。

"面子"失了，妻子哭了，徐崇贤该如何做？他并没有为此迁怒于怀青，而是安慰正在发脾气的妻子。看来，徐崇贤还是善于谦让的，他知道苏怀青的脾气，摸透了小妻子的"弱点"，尽量包容，忍让。

一顿饭弄砸，其实不算什么，美满幸福的日子，还需共同去打造。

乡下来的林妈，因为小脚的缘故，从楼下拎水到楼上擦地板，很是费劲，于是徐崇贤和苏怀青商量后，决定三个人一起来做这个事情。这种互帮互助的氛围，让这个家庭有了生气。

苏怀青也试着去改变。她向林妈学习如何经营家庭，诸如买菜砍价啊，开支计划啊，家务管理啊，她都愿意去尝试，只为讨得徐崇贤欢欣，做一个他向往的满意的太太。

但生活这面镜子，它是铁做的橼，玻璃镶的心，既有坚硬的壳，也有易碎的颜。现实中，与人切切相关的吃穿住行，哪一桩哪一件不需要经济支持，所谓"巧妇难为无米之炊"，中国人的俗语说得如此直白，生活需要钱，无钱寸步难行。

而徐崇贤晚上读书做学问，白天兼职中学老师，这项经济收入毕竟是有限的。钱的困扰，就成了他们矛盾和分歧的重点。

时常囊中羞涩的徐崇贤，每当遇到苏怀青伸手向自己要家庭开销时，便心生莫名其妙的烦躁与不安，他兼职的工作，能有多少收入啊？

但他极好面子，宁愿清苦，也不向家中寻求经济支持。这样一来矛盾便慢慢地累积起来，两人各自埋汰，相互怨气。妻子不体谅丈夫在外学习和工作的辛苦，丈夫不理解妻子经营日子的艰辛，除了矛盾加剧，还能有什么作用。

这个蹒跚中的小家庭，这种艰难的小日子，愈发岌岌可危了。气到深处，徐崇贤说："你嫌我穷就给我滚蛋！我是人，你也是人，你问我要钱？"

多么凌厉绝情的话啊，苏怀青如何受得住。

她也收泪冷笑答道："我就出去也不怕饿死，真是没的倒霉死了，嫁着你这种只会做寄生虫的男人！"

"你要出去马上就给我滚出去！"徐崇贤揪着苏怀青欲将她拖出去。

这样难堪的撕扯，最终也慢慢地平息了，但是，它在苏怀青心里种下的阴影却难以磨灭，像一枚锋芒刺向了灵魂中。

于是，苏怀青想到了要自强。她需要一份工作，需要强大起来，需要一个安稳的生活环境，让精神有栖息之处，让心灵不再流浪。

《结婚十年》中这些精彩描述，虽说是写苏怀青，却是苏青如何一步步走出家门，走向职场最真实的写照。

# 第四章　牛刀初试

　　我相信女人们要是都肯把这种吃醋方法改变一下，制成几句流行的口号，健康第一！快乐第一！学问至上！事业至上！要陪丈夫也得在自己行有余力的时候偶一为之，不要为吃醋而妨害一切工作，葬送毕生幸福，天天不得闲，连自己也不知道在忙些什么。

——苏青

　　《结婚十年》中的主人公苏怀青与这部书的作者苏青，到底能否画等号？这是一个非常敏感、困扰人的话题，半个多世纪过去了，对于"自传体长篇小说"这种定位，谁能真正解析得清楚"自传体"和"小说"之间的关联，有着怎样的密不可分，又有着怎样的别有洞天。

　　有人认为，小说的语言、风格、情节、内容，无不体现着平实与朴素，琐碎与细致，以作者为原型展开的自述和回忆，主导着故事的延展，定性为"自传体"无可厚非。但也有人疑惑，既然苏青是写自己，那为何又贴上了"小说"的标签，这样矛盾的体裁称谓，确实令人匪夷所思。

苏青，她是如何想的？

尽管苏青一再否认小说中的苏怀青是她本人，但是，据相关史料、资料的记载，其生活经历、婚姻状况、职业发展等，与她笔下的苏怀青不言而喻地重叠起来，孰真孰假，苏青本人是知晓的吧。

十年风雨，十年艰辛，经历了不平凡的十年，离婚后靠艰辛写作，卖文为生的苏青，她早已不是当年的那个她，但她也是不曾改变的她。将苏怀青这个人物作载体，讲述一段不为外人道的经历故事，不但达成了她赚取稿费的目的，而且也圆了她对这段过往倾吐无门的梦。关不住话语，沉不住气色，这是苏青的个性特点。在还处于封建思想残存的民国时期，苏青要标注《结婚十年》为"自传体"，是要冒着相当大的舆论风险的，这其中牵扯的人事太多，道不明理不清的地方大有在，只有再缀上"小说"二字，故事模棱两可，真假难辨，既制造了看点，也有研究的噱头，如此定位，一举两得。

以苏青求真、坦诚、大胆的性格来推测，《结婚十年》的自传性程度是非常高的。小说中苏怀青的种种，对于了解、剖析苏青本人，是具有价值的，一定程度上，将苏怀青作了苏青的影子来看待不无道理。这种佐证，不但串起了苏青的生平，更重要的是通过苏怀青的语言、行为、心理的穿针引线，圆润勾勒了一个完整、现实的苏青，她们互为倒影，不分彼此了。

苏青不能敞开心怀直接表达的各种，苏怀青有办法替她全部道来。

譬如当年苏青是如何走上文学路，并崭露头角的，小说中苏怀青作了详尽的答疑。

她说，在上海建立了小家庭后，与崇贤并不是成天厮守卿卿我我的，崇贤一边读书，一边工作，双重压力下，陪伴她的时间自然会少些，这样，她除了料理家事，照顾丈夫外，有大把大把时间亟待打发，选择读书看报，便成了一种嗜好。

爱学习，长知识，本来是一件非常有意义的值得鼓励的大好事，不曾想，却遭到了徐崇贤的反对。

《结婚十年》中是这样描述的："我知道贤不喜欢我看书，而我自己看书的兴趣愈浓。在家没事的时候，我常偷翻着他的法律及社会科学书籍看，同时也常摘记抄录下来，准备自己做洋洋万余言的论文。不料有一次给林妈弄巧反拙，想赞美我几句以博贤的欢心，反而惹出祸水来了。她说：'小姐真是用功呀，女状元的，只要姑爷你一出去，她就翻开书本子来看了，真是的，她又不打牌，又不看戏，什么玩儿都不爱。'贤不等她说完，就沉下脸来对我说：'哦，怪不得呢，叫你快些改考卷也不改，原来你是忙着研究学问。不过，女状元，我得警告你，以后请不要翻我的书橱，我是最恨人家乱动我的东西的。'说过之后，他就马上把书橱门锁上了。"

按理儿，徐崇贤是个吸收过洋墨水，有着新思想的人，妻子安心待在家中，好学自律，不是美事一桩嘛。但他却不认同，而且愈加讽刺，挖苦，这种大男子作风，着实荒唐、可笑。

于是，在徐崇贤锁上书柜后，倔强的苏怀青想到了其他办法。

她说："我的心里很起反感，暗想你自己整天不读书，书尽闲着又不许人翻，真是岂有此理。但是你不许我看我偏要偷着看，于是我就把心一横做虚账，每天省下几文小菜钱，凑成一角便可以买本幽默杂志。"

财务作假，只为"贪污"一点钱买杂志看，这种精神，该是赞扬，还是批评呢？

在这之前，徐崇贤也曾明确反对过怀青看书，但是聪明的她，很智慧地破解了这个"规定"。她想，不准我看书读报，你总是要看的吧。于是，"后来我也学到了乖，就是同附近一个报贩闲谈瞎扯几次，向他借些报看，看完之后，一张不买当然也不好意思，于是就向他仍然买两本杂志，在贤吃过晚饭无聊的时候，我就把它拿出来，说这是专为给你解闷买的，他很奇怪，问我可看过不，我回答说因忙着织绒线，不爱看那些，他很喜欢"。

苏怀青不是一般的固执，她对精神食粮的追寻和渴求，谁也不能阻挡其脚步，就像她不断的写作一样，一旦爱上，便一发不可收拾。

小说中有一段记载，是说苏怀青的稿子即将被刊用，她得到报社通知的情形，非常令人动容。

"我不能忘记，那是多么使我兴奋的一天！簇簇快到二周岁了，我正在计划着要替她做套小衣裤时，林妈拿了张纸片上来。我的心头狂跳着，头晕眼花地念下去，是一张现成印就的明信片，内容大概说：尊稿收到，甚好，拟登敝刊第 X 期……这期数却也没有刊出，但是我已经够快活了，拟登便是准登，差些迟早又有什么要紧？于是我赶紧写好第二篇，预备他下期一登出，我马上就把此篇寄去。"

这个突如其来的好消息，无疑是有震撼力的，除了按捺不住的狂喜，苏怀青紧接着便是马上着手下一篇稿子，她在这个通知上看到了希望，看到光芒在闪烁，她一扫往日的阴霾，感觉世界一下子亮堂了起来。

她将丈夫希望她"故作孩子脾气，只好玩，爱打扮，好向他撒娇，而有事时则又须一本正经搭主妇架子，督促佣人清洁居室，买煮小菜，并且替他按抄笔记，政改考卷之类"等要求一概抛之脑后了。

妻子不是花瓶，她也有内涵的；妻子不光小鸟依人，她也舞文弄墨的；妻子不但操持家务，她也全面发展的。怀青心中是这么诠释自己的。

但是，当怀青一直翘首企盼报刊传来的好消息时，却一次次地扑空、失望了。

她说："但是下期，再下期，第三次都没有登出，我想这定是编辑先生在寻我开心了，叫我每期为找自己文章而多花此一角钱，岂非意外的损失吗？于是我决定第四次不买了，可是走过报排时总不免再瞧上它一眼，走了几步又不无恋恋地回过头来。一毛钱！预备明天不要买肉丝了吧，翻开目录一看，天哪，可不是赫然有自己的名字吗？这一乐简直是非同小可，自己的名字放在大作家后面，仿佛我就与他成了一字并肩王了，于是赶紧买一本回家去，忍不住满脸笑容，林妈见了我还不及问话，便被我一把拉住她告诉道：'林妈，这里有我的文章，讲养簇簇的，与某某人的登在一起呢？可惜你不识字……'她听了似乎很高兴，忙接口问：'某某人是谁呀？也是养孩子的吗？这本书做什么？他们有没有讲到要养男孩子可有什么办法——啊，小姐，你会做书了，何不捎一本回去给太太瞧瞧？'于是我连说应该寄给母亲的，但叮嘱她千万别告诉贤，将来稿费领来了，也好寄给母亲去让她开心开心。林妈不懂稿费是什么，经我解释后，便也欢天喜地说：'还有钱呢，真是了不得，小姐，你满肚子文章只要动动笔头就可以换钱了，明天还是少看些书空下来多写写，也省得向姑爷讨钱受气。'"

好事来了，苏怀青有了五元钱稿费收入，虽然非常微薄，但她是通过自己的努力赚取，这是一种能力的证明，她觉得"世界上最光荣最伟大的事情就不过如此"。

如果不断地投稿，是不是会有源源不断的稿费呢？一定是的。苏怀青急需得到社会的承认，权威的认同，读者的认可，这将是心灵的愉悦和满足，这种快乐，无疑对她锲而不舍地追求文学起到了至关重要的作用。

这些都是小说中的苏怀青爱上文字的故事，而真正的主角，现实中的苏青，她是不是也是这样的呢？

据相关材料记载：1935 年初冬，苏青两篇名为《女生宿舍》和《科学育儿经验之性质及命题》的散文，分别刊登在林语堂主办的《宇宙风》第五期、第六期上。这是继她在《论语》上发表《生男与育女》《我的女友们》，在《宇宙风》上发表《科学育儿经验谈》《现代母亲》后，作品再次被大刊物选用刊登，唯一不同的是，投稿地点发生了变化，之前的四篇是在宁波老家，后两篇是在大都市上海。

值得一提的是，1935 年发表的六篇作品中，有两篇引来了一段文字"公案"，甚至惊动了林语堂先生，这难免让人疑惑，文学路上刚出道的苏青，是势头过旺，引得同行嫉妒，还是她的做文高调，惹了业内"冤家"？

至此，苏青人生中一桩桩一件件的"文仗"拉开了序幕，她和张爱玲一样，都在文字公案的口水仗中不断地成长，成熟起来。

# 第五章　为谁伤逝

假如孩子大了，我一定教他读历史，自己用脑筋去读。我教他先要知道从前人的所谓是非利害，如何变迁，如何层层被发现，于是新的修正旧的，或索性推翻旧的。我再要告诉他，我自己心中的所谓是非利害又是什么，如何在努力贯彻自己的主张，如何在矛盾地继续自己的生活，直到自己死亡之时为止。

——苏青

时下的孩子，一天也不得闲。不是钢琴苦练，便是声乐训练；不是提笔素描，便是走笔书法；不是水袖长舞，便是柔道拳术。高强的负荷，枯燥的日子，沉重的包袱，难免会心情压抑，滋生出一些心理疾病来。"独子独女"，这种现代家庭中的特殊人口现状，从而孕育产生了新时代的教育理念和体系，孩子们在享受越来越多的教育资源，越来越丰富的教育项目，越来越频繁的教育活动的同时，他们的空间却越来越少，自由越来越少，快乐越来越少。

这是时代的进步，还是悲哀呢？

苏青说："普通人教子可分两种主张：一种是要使得儿子酷

肖自己，所谓'克绍箕裘'，而且能够'跨灶'更好。另有一种则是希望儿子再不要像自己一般没出息，或出力不讨好了，所谓吃一行怨一行，如鲁迅的遗嘱希望其子不要再做文人，以及明思宗之痛语其女为何生在帝皇家，他只希望自己的子女能够在民间安稳地过活，不必做皇家的金枝玉叶受亡国灭种之惨。"

不管是现代社会中，一群人围绕着一个孩子转动，还是过去社会里，一个人打理一群孩子生活，何种情形，都让人心力交瘁，苦不堪言却是心甘情愿的承受和接纳。苏青在说《教子》的时候，深有体悟，道来洋洋洒洒，胸臆满腔。

她说："知教也自有其方法，方法对了还得看机会，有时还要顾到当时的客观环境能否允许，孟母三迁是幸而当时找房子便当，若在今日，教她又如何筹措这笔预费呢？"

苏青的文章有种"糙"的爽利，喜欢"打开天窗说亮话"，切中要害，快人快语吐纳似是大珠小珠落玉盘，掷地有声，很有分量。

她道："革命家的儿子未必再肯革命，他也许进贵族学校，也许在政府中当一个现成的官吏。所以我对于许多革命家的宣传说：'为我们的子孙找一条路吧。'这种话在我听来反而觉得力量薄弱了，因为替自己找一条路是我的迫切的要求，替子孙找一条路，我总怕徒劳无功。假如我千辛万苦的替他们找出来了，他们偏不爱走，要另辟蹊径，岂不是害得我白费气力。因为后辈的心不一定就如前辈的心，因此古人所尊的道始终不会实行。"

前人栽树后人乘凉，遵循这种固守的思维，以自己的经验为孩子的教育搭桥引路，常常得不偿失，未必适合其发展，因材施教，因时施教，才更得宜。苏青说过："婴儿时教他动作，如以物勾引，使其手舞足蹈等，或授以假乳头，叫他吮吸解闷。稍长则教其行走，再大起来教其说话，识字。假如孩子到了十二岁以上，则我希望能多训练些技能，如打字啦，速写啦，或关于简单工程方面的。道德方面，我只教他凡利于合群的，便应奉行，因为一个人不能到处取厌于人，结果只好孤零零地活下去。"

苏青的教育心得丰富多彩，运用理论，她得心应手吗？

李钦后和苏青共养育过 5 个子女。1934 年 9 月，苏青 21 岁，长女出生；1936 年 6 月，苏青 23 岁，次女出生；1937 年 8 月，苏青 24 岁，三女出生；1939 年 6 月，苏青 26 岁，四女出生；1942 年 1 月，苏青 29 岁，独子出生。

在人生最美好的华年里，苏青却是频繁生育，四女的出生，真真是印证她的戏谑之言："一女二女尚可勉强，三女四女就够惹厌，徜其数量更在'四'以上，则为母者苦矣！"

这么多孩子，一个接一个地紧跟着来到人世，先别说教育，从嗷嗷待哺起，养育就是大难题了。或许，这些难言的辛苦和困惑，苏青通过《结婚十年》来直言倾诉最好不过呢。

特别是在生育二女（实际是三女，苏青调换了顺序）时，小说中的苏怀青吃尽了苦头。

在《产房惊变》中，苏青道："看护们慌张地嚷着满屋跑，我也惊醒明白过来了，有一个邻床年青的产妇锐声哭，说是不好了，开炮了，兵队马上就到。又有人嚷着屋顶快悬外国旗呀，省得飞机投弹，于是又有一个产妇光着下身要爬到床下躲避去，我的心如丢在黑的迷茫的大海中，永沉下去倒反而静静的，贤不能再来看我了吧？大难临头，夫妻便永别了！各自飞散了……于是我垂泪向看护讨些吃食，她们给了我一碗薄粥，两碟小菜则是黄豆芽与酱瓜。我嚼着咽着觉得十分伤心，贤也许慌张地独自逃走了吧？爱而近路（今安庆路）的房子也许全烧毁了。还有林妈，还有周明华，他们都到哪里去了呢！只留下我孤零零一个人在医院里挨着日子等死，即使成了鬼魂，也无依无靠地找不到归家路呀！"

　　上海的时局剧烈动荡，苏怀青正赶巧这时候生孩子，且又是一个女儿，当崇贤与院方交涉保证得以提前出院，预备三五天一起逃回 N 城去时，怀青心中忐忑动摇着，她说："我不愿再看公婆失望的面孔，我不愿回到 N 城去，隆隆的炮声虽然震得玻璃窗格格抖动着响，但是我决不恐惧，宁可守着我的女儿在这里同成炮灰，我不能带她回去让她受委屈呀！"

　　正当苏怀青还在犹豫挣扎是否随崇贤回 N 城时，她得到了一个令人心碎万分的消息，她的贤在送人上火车时，已然挤上轰隆隆的列车，随着茫茫的逃难队伍离开了上海，离开了刚出生的孩子与她。这消息无疑如晴天霹雳，将怀青的心猛然击碎，先前，她还心情不佳地驳斥着林妈关于"莫不是姑爷觑空儿自己也挤上去了。大难临头来哪里还顾得什么夫妻"的话语，不想真是一语成谶了。是崇贤上了火车真下不来了，还是本来心随车动就上去了，其实都不重要了，终究是"大难临头各自飞"，既成事实。

　　这个灰色的插曲，深深地烙印在了苏怀青的心中，不可磨灭，成为一根隐形的导火线，随时能点燃怀青对崇贤的不信任感，导致夫妻危机频出。

　　而历经辛苦、跌跌撞撞带着新生女儿逃回 N 城的苏怀青，因为战事频繁，不得不辗转住到乡下，她与孩子、崇贤，躲避着这一场战火纷飞，但是终究躲不了经济的告急，崇贤不得不回到上海工作，赚钱养家养孩子。得到崇贤说上海军队撤离，市面基本太平的消息后，怀青打算带着孩子回到上海，当她将这个想法告诉公婆时，老人考虑一夜后建议："你要到上海去住也好，只是带着小女儿不便，万一再有变化，岂不要累崇贤脱不得身吗……我看还是留乡下找人养吧，等到断了奶，你再来领回去，那时天下也太平了。"

怀青听从了老人的这个建议，将襁褓中的女儿留在了乡下抚养，却不曾想，这一去，竟是与孩子永远离别了，母女阴阳相隔。

"我们的第二个女儿，已在廿八年春天死去，凄惨地死在童妈的家乡，像百卉欣欣向荣中的偶然掉下来的一片落叶……我们把忏悔之泪一齐化做了爱的情液尽量灌输到菱菱身上去，尤其是贤，他毫不犹疑地高高捧起了这个尚在襁褓的小女儿，给放在至情至性的精神宝座上，用深切的父爱来保护着她，给她享受，予她满足，谁都动不得她分毫，甚至连我也在内。"

一个生命骤然猝死，世间却又有多少生命如雨后春笋冒出来了，这生生灭灭的循环规律亘古不变。人之生如夏花，落如秋叶，从光明中蹒跚而来，又归于漆黑寂静里，如此这般的轮回，一茬茬的因缘注定了。秋去秋来，谁还会记得，谁曾路过谁，路过人间，谁又在征程中早早地做了逃兵，留下痛彻心扉的由头，却转身不管不顾地离去。

据记载，真实的情形是：1939 年春，苏青的三女殇。同年夏，四女诞生。

苏青的人生经历中，《结婚十年》间，忙于生养孩子，《续结婚十年》后，忙于养家糊口。她担当的重任，不仅仅是抚养年幼的四个孩子，还有母亲、弟妹，甚至伯父，她也经常予以关怀和资助，这哪是一个女子应该承受的负荷啊！

至于对孩子的教育，长女随公婆在老家生活，她有心尽母亲的责任，却终究被挡在外面。而其他孩子，苏青与李钦后离婚后，离婚证上写明的仍然是由丈夫抚养。其实，由于时局不稳，战事频发，工作不稳定的李钦后时常经济窘迫，哪有更多的能力照顾好孩子呢？

在《结婚十年》中，苏青对怀青是如何回到孩子们身边，又是如何与离婚丈夫贤生活的作了详尽的阐述，或许，这就是她自己切身体会的最有力的佐证。

在孩子的教育上，苏青显然是有心难为的，社会的动荡，离异的隔阂，经济的困扰，使得她不得不投身到职场中打拼，以保证孩子们有安稳的生活。而疏于对孩子日积月累的知识灌输，教育灌输，是在所难免的。

在苏青去世三年后，小女儿崇美远赴大洋彼岸，又三年，外甥带着苏青的骨灰盒，去了美国。

# 第六章　出走娜拉

我觉得一个作家，一个勇敢的女性，一个未来的最伟大的人物，现在快要完了。痛苦地，孤独地，躺在床上，做那个海上的月亮的梦。海上的月亮是捉不到的，即使捉到了也没有用，结果还是一场失望。我知道一切光明的理想都是骗子，它骗去了我的青春，骗去了我的生命，如今我就是后悔也嫌迟了。

——苏青

从江南北上，逾中原，抵达皇城根；从北国南下，循水路，岸靠黄浦江。镶嵌在华夏大地上的两颗璀璨的明珠——北京和上海，在民国时期，承载着政治、经济、文化、军事等历史厚韵，引领社会发展，树立时代标杆。两座城池耸峙对望，若南北振臂一挥，必有潮流趋势互为牵引，互为影响，互为动力。特别是在文学领域，五四新文化运动掀起的高潮，不断地涌现出一批新型知识分子，优秀作家层出不穷，而女性作家也从中脱颖而出，形成了文坛生力军。北有才女冰心、林徽因、凌叔华、陆小曼，南有张爱玲、苏青、关露、丁玲等，这支规模不小且集中的文学骨干队伍，成为民国文学艺苑中最靓丽的一道风景线。

历史的变革，时代的更迭，时局的动荡，这些丰富的素材资源，加之亲身的人生体验，如此经历便成为她们走笔文华和镌刻烙印的重要例证。而正因迭迭交错的因缘际会，将她们彼此的故事穿插在了民国的风起云涌中，衍生出不同气象，影响深远巨大。

若将她们称之为时代背景下出走的"娜拉"，一点也不为过。

她们挥书时闻当下，落笔内心省悟，踏准颤音节拍，将"咽喉"中的跌宕串成一阶阶玲珑佩珊的音符，不绝于耳。笔下或沉静，或清丽，或高亢，或犀利，或苍凉，或绝美，标签独一枚，影印下了风云转换、沧海变迁的一幕幕，她们挥笔下的景象或许不能以点概全一个历史时期，但是，却不失为其中一种最直接有力的佐证。

苏青便是其中的一位，她演绎的娜拉出走，颇具代表性，有值得剥茧深究的价值和意义。

"百年修得同船渡，千年修得共枕眠"，夫妻间的缘分修来不易，因此，再性情不投、相互抵对的夫妻，在共同的生活中，细想来，其实都有过甜蜜的日子存在。尽管李钦后和苏青最终缘分到头，但他们也曾拥有过执手温暖、幸福快乐的好时光。

那是在经济宽裕，孩子成长，老人健在的一段光阴中，也是李钦后的职业生涯最为辉煌的时候。一家人和和睦睦，苏青的眼眸里，彼时一切色彩充满了明丽的光亮，艳羡人得很。

从她的《结婚十年》中便能寻到蛛丝马迹。

她说："从此贤便一天天生意兴隆起来，在沙逊大厦另外租了三间作事务所，雇了一名男仆，一名书记，后来还用了几个帮办。他的身材本来生得魁梧，如今更常穿起长袍黑褂来，以壮观瞻……于是把那个年轻不大懂事的浪姨辞去，另外找到两个中年佣妇，一个叫朱妈，一个叫王妈，他们平日一律须穿上蓝布衫黑裤，胸前悬起块白布饭单，客人来时须殷勤小心，见着我与崇贤则口口声声喊奶奶少爷。"

这是一个会用钱的主，有了经济支持的徐崇贤，将职场和家中都铺排得有模有样，大气高端上档次，以此匹配与之相当的社会地位和收入层次。特别是在对新生闺女菱菱照顾上，徐崇贤都是亲力亲为，样样件件做得无微不至，花精力的同时，也很舍得为孩子花钱，小小孩儿，穿的吃的用的，一律最好。

《结婚十年·父女之爱》中道："贤的进款很不错，一笔就有三千五千，他又喜欢买东西，吃的用的都满坑满谷。尤其是花在菱菱身上的，几乎已近于奢侈，天天吃牛奶，水果，鸡子，鱼肝油不必说了，贤还听信中医的话，喂她红枣汤，桂圆领，胡桃茶，参须汁等等，因此菱菱常患便秘，贤到处给她找外国医生……贤又把二楼亭子间作为贮藏室，堆着整吨的煤球，十多担米，几听火油，几听生油，其他如肥皂，火柴，洋烛，草纸等多的都是。"

徐崇贤是舍得的人，只要他有，便会给家人最好的东西，最好的享受，这是毋庸置疑的。试想，如果不是遭遇战火纷飞，以致社会动荡，工作不能保障，他们的家庭还会因为经济等问题而最终破裂吗？

这个问题的假设似乎是多余且不成立的，因为怀青和崇贤最终是离婚。

而其中的原因，或早已埋下伏笔，只是等待时间的引爆罢了。

在第一次归宁时，苏青无意间遇见的余白和丽英，无巧不成书，他们与怀青一家成为了邻居。当年，余白和丽英一见钟情擦出火花后，便结为连理，两位心心相印的人儿，按理本该有着美好的生活。但是，毕竟现实不同于浪漫的爱情故事，余白的文人气，为人处世的做派，与社会有着微妙的"鸿沟"，导致事业不太顺利，收入也不太稳定，丽英多有抱怨，但也无可奈何。于是，两个女人相处私话的时候，便会不由自主地各自叹气一番，怨声载道的丽英总羡慕怀青一家的幸福生活，至少不用为钱愁，为生活担忧。

丽英手巧，不但自己会打扮，也会打扮孩子，菱菱时常被她装扮得可爱招人，讨得崇贤也对丽英印象颇好，有时还在怀青面前夸耀丽英的贤惠美好。怀青不觉这有什么，也没有将这些放在心上，但就是这样的疏忽，让怀青的生活和人生轨迹发生了转折和改变。

其实，心的出轨，精神的出轨，有几个已婚者没有经历过呢？

怀青自己也有过，而且这人很特别，他是丽英的小叔子明华。年轻青涩的少年郎，以一种朝气蓬勃的情怀，不经意闯进了这个本来沉郁的家庭，带来了如沐春风的新气象。当然，这也是怀青的自我感觉。明华来的这段时间，正好是上海局势最紧张的时期，对于风声鹤起的战事氛围，明华不但不惧怕，反而愈加兴头起来，《结婚十年》中描写到："他不时跑出后门去买报纸号外，兴奋地讲着轰炸什么舰的消息，听见飞机掠过时便赶紧奔上晒台看，有时候还到流弹落下的地方去拣碎弹片。他似乎很替我抱憾似的，因为我不能行动往各处找热闹，'这真是伟大的时代呀！'他叫喊着……我不能忘记有一欢他曾清楚地对我说：'我们宁可给炸弹落下来炸得血肉横飞的送了命，不要让生活压榨得一滴血液也不剩呀。'"

青年人的思想与众不同，恰好，这对于曾经从热情四溢的大学生一下子过渡到少奶奶身份的怀青来说，终于找到了一种对过往记忆的倾诉平台，勾起了她胸中本有的阳光和炽热。无疑，他们在一起便会有说不完的话语，倾心彼此，也就理所当然了。

这段不伦不类的情感历经，最终以怀青的清醒结束了，该唏嘘，还是遗憾？

没有可能的未来，徒添烦恼和麻烦罢了，怀青明白得很。但是，在她能将自己的情感处理得妥妥当当的时候，崇贤却没有这样的省悟去维持家的温暖和稳固。

"忽然余白差人给我送来封信，说是他今天就要动身到内地去了，祝福我平安，并且希望我的孩子长命百岁。他说他有许多话不能对我说……我看了若有所悟地问贤道：'余白去了丽英不同去吗？'他肯定而又故意犹豫其辞答：'恐怕不会的吧。'我说：'那么丽英独个子留在上海将怎么样呢？'他沉思了半晌，像是不愿说却又不得不告诉我道：'他们已经于最近离婚了。'"余白的留有余地的话语，让怀青预感到了什么。趁夜，怀青偷翻了崇贤的大衣，在皮匣子里找到了丽英的照片。

而最终，丽英亲自揭晓了这个故事的最终。"她穿着一件半旧的碎花夹袍，形容显得憔悴，见了我半晌开不得口，最后才毅然对我说道：'我觉得我很冒昧，有句话想请问你：究竟你同你的贤还相爱不呢？'我的腹中连声冷笑，但面子上却仍旧装得很诚恳地答道：'我相信我们一向是相爱的。'她默然半晌，只得老实说出来道：'你觉得他…他真的靠得住吗？因为他对我……他同我……别人……'我连忙截住她的话道：'我是十分相信你的，也相信他，别人的话我决不瞎听，我们原是好朋友。'她无可奈何地流下泪来：'我……一时错了主意……已经……已经有了二个月……'"

徐崇贤没有选择与丽英在一起，丽英最后堕胎离开了上海，消失在茫茫人海中。

婚姻的波折，让这对夫妻已然没有了信任感，恰逢徐崇贤事业也步入谷底，生活的拮据，让这个家庭阴云密布。儿子半岁时得了肺炎，怀青也染上了肺结核，病情凶险，万念皆灰的她，幸好遇到贵人，将她的肺病治愈。

性情性格的大不同，人生理念的不一致，情感与精神的出轨，经济和现状的不如意，小说中的怀青和崇贤没能经得起这些生活和人性的考验，最终分手。而现实中的苏青和李钦后亦是如此，他们的婚姻也走到了尽头。

# 第七章　掩卷·不如归去

深秋。午夜。

雨雾霏霏，空气中轻漫着氤氲的湿气，它撩拨橘红的温存，挑衅心底的虚浮，此刻，唯愿世界停顿下来，将心交与本真，将空赋予诚实，将往送达遥远。

于是，一切细碎响动起来，挑下灯盏，开卷时光，那些往来底事，桩桩件件由此推开，揭首因缘际会，或许，有些注定，早已铭刻于今生今世的生命走线中。

就像秋天，落叶会飘零，流水会冰凉，会有红彤彤的果实坠满枝，而青峰则毅力在雾霭中，迎接风雪款款地到来。

轮回的经历，亘古的变与不变，当拾捡起一行行注目的过往变迁，耳畔便生风了。

于是，清音低吟浅唱，倾诉委婉如泣，行板高亢轻盈，一阵阵地来，一阵阵又消失得无影无踪。

于是，有人循着阡陌的纵横交错，循着如水月光的小径，循着夜莺歌唱的方向，循着心底的遗梦，纵情追去。

道是不管不顾，然而谁又能明了当初离家的决绝，无可奈何，不如归去。

不如归去！

第五篇
洋场风云

般若波罗蜜，一声一声
生如夏花，死如秋叶
还在乎拥有什么

——泰戈尔

# 第一章  午夜徘徊

红颜薄命，这四个字为什么常连在一起，其故盖有二焉：第一，红颜若不薄命，则其红颜与否往往不为人所知，故亦无谈起之者；第二，薄命者若非红颜，则其薄命事实也被认为平常，没有什么可谈的了，这就是红颜薄命的由来。

——苏青

1943 年春，苏青搬出了丈夫家，与李钦后正式分居。她暂住在《万象》杂志的老板平襟亚家中。

为何是选择住在平襟亚那儿？

《续结婚十年》中有一段话："堂姑丈住在福明路上，我的堂姑母早已死了，现在所娶的一个填房，年纪还不过二十七八岁。姑丈的年纪已经有四十九岁了，他是一个沉静而精明的商人，身体孱弱，居家十分节俭。他们家里不雇老妈子，只有一个姑母的老奶奶在替他们烧饭洗衣，我平日同他们也不常往来，可是见了面，他们总是待我很客气的。"

到底这堂姑丈是不是平襟亚，单从文字，包括一些考证中，尚不能很确定这个关系。但是，能肯定的是这个暂住的事实成立。

"娜拉"抬脚说出走容易，但选择离开后，该如何生存呢？鲁迅说过："娜拉或者也实在只有两条路：不是堕落，就是回来。"

刚挣脱"樊笼"的苏青，不可能回去了，那么，她面临的现实问题便是"生存"。

从苏青的职业经历来看，有过两次短暂教师经历的她，由于大学肄业，再从事老师工作的可能性极小，况且之前皆是亲戚推荐联系的结果，有裙带关系作用其中。除此之外，自由撰稿有过收入，勉强列为工作经历也不是不可的。正因为这样，苏青便寻思着是否能将这个特长发挥利用一下呢？

思来想去，确实可行。不过该找谁呢？

从苏青当时的处境和现状来看，如果求职于《万象》，算是近水楼台先得月。她住在《万象》的老板平襟亚家中，恰逢《万象》主编陈蝶衣离职，新主编还未及时上任期间。若按照常规的路子来演绎，这算是苏青绝佳的求职机遇，但是，事情并没有这样发展。平襟亚一边经营书店，一手打理杂志，直到柯灵的接任。

为何苏青只字不提去《万象》谋职，也从未在《万象》上发表作品，到底何故？

最终不得而知。但她一直暂住在平襟亚家，平襟亚接纳了苏青入住，就此看，他们之间肯定是有着千丝万缕的关系。苏青在《续结婚十年》中道的住在堂姑丈家的提法，也就经得起推敲了。

十字的街口，徘徊是最无奈的等待，夜影婆娑，蒙蒙的凄寒，最暖不过一记轻轻地搀扶，一生足以铭记了。

有人说，帮助过你的人，当你再遇困难时，一定会有再帮助、提携的举动。

一定如此！不然，苏青不会在这个时候想起"他是第一个赏识我文章的人，真使我有不胜知己之感"的这个人，他便是苏青文学路上的引路人陶亢德。

陶亢德何许人也，他如何能予以苏青援手呢？

在民国时期，有一批著名的编辑名手，也称编辑家，他们眼光独到、嗅觉敏锐、触角犀利，在纷飞乱世中，发掘和栽培了一批文学作家，这是中国出版史上浓墨重彩的一笔。他们的职业经历，对研究近代出版史有着重要的价值和意义。陶亢德便是其中的一位。他曾是林语堂办刊时的左膀右臂，与林语堂创办了《宇宙风》，担任过《生活》周刊编辑，《论语》杂志主编，《人世间》编辑等，与周作人、老舍、郭沫若、郁达夫、丰子恺、朱自清等一大批成名作家有过亲密接触。在当时的出版界非常权威，也有影响力。

苏青与陶亢德，因文字结缘，或从未想过有再深入的交集，可是，命运的车轮就是这般奇妙，在某个驿站，注定了某些人必然会相遇，这便是缘分，也叫宿命吧。

苏青回忆道："1942 年正月生下男孩后，因丈夫不顾我生活，我想谋生，便找陶亢德……"

这位扎根于文学圈中，有着深厚人脉关系和复杂社会背景的编辑家，便成了苏青文字生涯中真正的导师，启开了她潜在的职业梦想，引领她走进一番新天地。而他几次关键的点拨，也让苏青真正找到了人生坐标和职业定位，成了四十年代上海滩响当当的集老板、编辑、作家于一身的女性出版人。这在民国时期是不多见的，特别是在上海沦陷时期，因此她在编辑上的建树和成就令人侧目，具有时代标杆作用，研究价值愈加凸显。

如果《结婚十年》讲述的多为家庭纠葛和情感纠葛，与传统、旧式、封建的人事作"斗争"、周旋，那么，《续结婚十年》则是时代大背景下的一幕幕最为生动的写真，一部具有历史价值的剧本。这就是苏青与其他民国时期作家与众不同的地方了。

在《续结婚十年》中，苏青依旧延续自传体小说的体裁定位，因此，书中的人物，都是可以循迹发现原型的。生旦净末丑，如此一个个栩栩如生的人物便登场了。

先是鲁思纯，原型陶亢德，自是不用多说。接下来便是鲁思纯介绍与苏怀青认识的青年作家潘子美，这人则是《风雨谈》杂志的柳雨生。

潘子美为怀青在中国电影公司找到了一个编剧的位置，介绍人是公司的编剧主任韦瑞生，这是《续结婚十年》中写道的。而真实情形苏青说是："当年年底，通过陶亢德关系，由柳雨生介绍我入伪中华联合电影公司任编剧。不过二三月，因主任韦瑞生辞职，我也随着离开。"

而在这之前，还有一段不得不提的小插曲，直接关系、影响到怀青的人生走向。那便是潘子美引荐怀青参加了金世城总理的一个各界招待会，就此后，苏怀青与众多的人、事上演了一出出精彩的剧目。这位大名鼎鼎的金总理，对应的即是当时上海滩第二号政治人物陈公博，怀青与金总理（苏青与陈公博），因为遇见，慢慢地了解、走近，发生发展了一段不为外道的故事。一个是汪伪集团的二把手，一位是初出茅庐的小作家；一个行走龙潭虎穴多年，一个下海不知江湖深浅；一个深沉、老练、精干，一个爽朗、直白、积极。他们碰触的火花若明若暗，谁也不敢轻易揭开这幕布下的真实。

这是一对同为失意人的男女，因为特定的环境下衍生的情感纠葛，没有一个定论，但是，单从一些苏青在《续结婚十年》中的撰书，或多或少能感知一二。

感情的产生，绝大部分与身份无关，却与冥冥之间的缘分，遇见后的如故与相吸、相惜、相知有关联。说是金总理正如日中天，怎么就不如意呢，怎么就与怀青戚戚生怜呢？

或者有一种知己情谊叫懂得吧。张爱玲曾说苏青是小暖炉子，她能明白周遭人的不如意，体谅他们的痛楚悲伤，还能抚慰他们的心灵缺失，苏青有一把火，能亮堂他人。

在认识金总理的同时，她还结交了几位上海滩大名鼎鼎的政治人物和权贵。其中戚中江（原型汪伪政府重要人物周佛海）、戚太太（周佛海妻子杨淑慧）、徐光来（《古今》杂志老板，曾为汪伪政府中央委员、伪中央组织部副部长、伪交通部政务次长、伪全国经济委员会委员的朱朴）这三个人，对怀青生活和事业产生了必不可少的影响。戚中江和戚太太对苏怀青的经济支持，徐光来对怀青文字的力挺，他们的帮助和支持，造就了脱胎换骨的苏怀青。试想，在那个动荡的年代，一个人没有社会背景和经济背景，如何在十里洋场，如何在高人辈出的文化出版界落脚扎根呢。

有人说，苏青是《古今》的老板朱朴捧红的，她从陶亢德的发现、提携，到柳雨生的铺路、打点，再到朱朴的力推和打造，她在文学路上走得确实风雨无阻。从1942年10月开始，苏青在《古今》上先后发表了《论离婚》《送礼》《恋爱结婚养孩子的职业化》《〈古今〉的印象》《再论离婚》《论红颜薄命》《谈做官》等，其中，有几篇巩固她影响力的文章，皆来自此刊物。

《论离婚》，其鲜明的个性特征，议论的精彩纷呈，词句的妙语连珠，引起了一个人的关注，他便是陈公博。说起来这里面还有个关键人物，那就是身为《古今》杂志社老板的朱朴。那时的朱朴刚失妻丧子，其实对于开办杂志，有一定打发痛苦时光和"玩票"性质在其中，但是，对于苏青的成长，他是关心的，他懂苏青，苏青也懂得这位风度翩翩的中年男子，以及他所承受的哀伤和苦痛。

面对"伪市长"陈公博的夸赞，苏青是很欢喜的。当朱朴提议叫苏青写点文字奉承"陈市长"时，苏青便答应了。或许，这对于苏青找工作，有极大的帮助。

从小到大，苏青都是心底明朗、活跃的人，她的思想既守旧，又有新潮的波澜。她是一个心思相对纯澈、坦荡的人。但是，在这人生的路口上，在即将食不果腹的情形下，加之苏青接触的这一群与文学有着不息瓜葛的汪伪要员们，他们在以文艺分子姿态出现的时候，让本来没有政治目的单纯的苏青无法拒绝这种"朋友"之好。他们不图苏青什么，什么也不需要苏青参与和帮忙，而真正需要"利用"他们的，倒是走投无路的苏青了。

于是，苏青一篇名为《〈古今〉的印象》的文字，便引起了热议，成为市井茶余饭后的笑料。

# 第二章 古今往事

男女的事谈得太多，现在仍旧谈做官吧。官的种类可分为二：一是做文的官，一是做事的官，做事的官大抵有权，有权常有利，他们因此就很得意，不过我们却也眼热不来，粮食，税捐，财政，经济，公用，卫生，教育，土地……那一件内行，那一件办得来乎？因此我们若要做官，还是只能选择前者，那就是说做做公文的官。

——苏青

一个人一生钟情于一件事，为了一件事，做好一件事，是极不易的。古代女子因为封建思想、社会制度、传统观念、道德约束等，或许在漫长的人生旅途中，只能圈囿于"三从四德"的框框套套里做好所谓的分内事：相夫教子、孝敬公婆、操持家务。她们生活的轴心以"家"为铺垫、延展、落脚，她们的喜怒哀乐系于"家"的荣辱兴衰中，她们的生命姿颜只为"家"而幽幽、默默地绽放，这就是封建制度下女子的宿命吧。

到了民国时期，得利于新革命思潮，新文化运动以及新意识萌芽，女性开始在社会地位、职业取向、家庭分工、教育权利上拥有了一席之地，不再以单纯的"主妇"形象出现。时代的裂变，许多女子将"小脚"解放出来，从"樊笼"中飞上云天，她们瞭望天地悠远浩渺，静看世间开阔清朗，她们的思想雀跃跳脱，行动积极向上，情绪激昂高涨。在这样的大背景、大环境下，众多的优秀女性从"桎梏"中挣脱而出，登上了崭新的历史舞台，她们水袖长舞，心怀憧憬，创造出一个个精彩，一个个传奇。

挥书过《传奇》的上海作家张爱玲，有人将她作民国精致女子来标榜，说她独特绝艳，周身散发着一种蛊惑人心的凄美薄凉气息，惹人生疼，令人难以忘怀。深究其因，理由简单不过一二。张爱玲一生，与文字结缘，与文字为伴，不离不弃的是文字，这是她的事业，她的经济来源，她的生命的色泽。为文而活，以文而活，张爱玲用文字诠释了其生命的全部。现下热论张爱玲，不少人喜欢将她与苏青并提而论，其实，在40年代初的上海文坛，她们早就是一对"姊妹花"，不然怎么称之为"上海双璧"呢。

如果说古代女子是封建意识的"牺牲品"，那么张爱玲便是思想解放的"践行者"，而苏青则是二者之间的典型代表者。既有残存的封建意识，又有开放的革命意识，在这些矛盾的互为作用下，经过慢慢地搓揉、打磨、拼接，其心理、意识、观念，在彼此不断地碰撞下，苏青便有了别样的气质、特点。

一部《续结婚十年》，再现了苏青的蜕变过程。这也是一部民国女子如何谋爱求生的辛酸史，更是上海沦陷时期的一帧写照剪影，在特殊的时代背景下，衍生的错综复杂的人物关系，众生相演绎了一出"孤岛"交响曲。苏青以自我经历为蓝本，小说为体裁，淋漓尽致地刻画了40年代初人们的生存现状，社会的人文现状，以及复杂的政治现状等，表现手法大胆朴实，描写栩栩如生，为研究当时的上海实情提供了参考价值，具有特殊意义。这既是苏青的文学成就，也是社会成就。

其实苏青人生中真正的裂变，或许是从与丈夫分居开始的。这期间的苏青，饱受着寄人篱下的苦楚，而又要承担着谋求生活的各种压力，她的生命轨迹在浑然不知中悄然发生了改变。

当《古今》杂志的老板朱朴说，"陈公博看了《论离婚》很是赞美，那你何不写点文章奉承奉承他呢？这样你找工作的事就好办了"的时候，苏青最终还是写下了那篇名为《＜古今＞的印象》的文章。

《论离婚》到底是写了什么，令"市长"也念念不忘，拍案叫好呢？

苏青道："性的诱惑力也要遮遮掩掩才得浓厚。美人睡在红绡帐里，只露玉臂半条，青丝一绺是动人的，若叫太太裸体站在五百支光的电灯下看半个钟头，一夜春梦便做不成了。总之夫妇相知愈深，爱情愈淡，这是千古不易之理。恋爱本是性欲加上幻想成功的东西，青年人青春正旺，富于幻想，故喜欢像煞有介事的谈情说爱，到了中年洞悉世故，便再也提不起那股傻劲来发痴发狂了，夫妇之间顶要紧的还是相瞒相骗，相异相殊。闹离婚的夫妇一定是很知己或同脾气的，相知则不肯相下，相同则不能相容，这样便造成离婚的惨局。"

敢于公开谈性，谈得情趣盎然，谈得活色生香的民国女性作家，也就只有苏青了。

苏青开了中国女子先河之举，创造过民国文学界诸多"第一"，到如今也可圈可点。

第一位集出版、编辑、作家、发行商众多头衔于一身的女性。

第一位宣称自传体（纪实为内核）小说为体裁写自己的女作家。

第一位将性描写搬到纸媒上，且谈得津津乐道的大胆女性。

由于苏青的大胆写作，总有那么一些读者期待着她不一样的"新鲜"文章出现。

而在《古今》杂志"周年纪念特大号"上发表的《〈古今〉的印象》，正好满足了他们的想象力和体味空间。同时，也成了他们茶余饭后诟病苏青的谈资和笑资。是什么样的文章，有这样的"公众效应"呢？

这得从苏青这篇文章的内容谈起。她道："我顶爱读的还是陈公博氏的两篇文章，一篇是《上海的市长》，一篇是《了解》。"

爱读"市长"的文章无可厚非吧，官员时常显摆自己的文化底蕴和艺术造诣，舞文弄墨一把也是人之常情，政客即是"骚客"，权力者也是风雅人。因此，苏青开篇捧捧陈公博是情理之中的。接下来她说："陈氏是现在的上海市长，像我们这样普通小百姓，平日是绝对没有机会可以碰到他的。不过我却见过他的照相，在辣斐德路某照相馆中，他的 16 寸放大半身照片在紫红绸堆上面静静地叹息着。他的鼻子很大，面容很庄严，使我见了起敬畏之心，而缺乏亲切之感。他是上海的市长，我心中想，我们之间原有很厚的隔膜。"这是一位典型的女"粉丝"模样，她干吗呢？隔着橱窗"偷窥市长"容颜，并且心情与之同呼吸。"市长"微微的轻叹，"市长"周身散发的气息，"市长"令人敬慕的庄严。苏青说"市长"的鼻子很大，其实，她描摹的"市长"只是一帧相片，一件"死物"罢了，她却能在底色与流转中看到"市长"美好的一面，这是"崇拜者"心理作祟的缘故。这样的夸赞对象，如果换作他人，公众大不了一笑而过了，但是，他是具有影响力的当权派，汪伪政权的大汉奸，如此便不同了。一篇歌功颂德的文章，基本的字数要吧。苏青接下来还得继续夸耀，她说："他把上海的市长比作 Number one Boy（头号仆人），这个譬喻便是幽默而且确切，'他是个很有趣的人'，我心中想，隔膜薄了好些……当我再走过辣斐德路某照相馆，看见他的半身放大照片的时候，我觉得他庄严面容之中似乎隐含着诚恳的笑意，高高的、大大的、直直的鼻子象征着他的公正与宽厚，因他在《古今》上面之文字感动力，使我对他的照片都换了印象。"

苏青文中两次提到陈公博的鼻子，并将其比喻成公正与宽厚的象征，这才有了热闹的"话题"，惹来讥讽和嘲笑。原来，在中国的命相书中，鼻子是有特殊代表意义的，它是男性器官的代名词，其形状和大小互为隐射，懂这些的人是不会这样大谈特谈的，况且还是在杂志上。苏青将陈公博的鼻子描写得如此细致入微，且赋予了其优秀品格的意义，不让人诟病、笑掉大牙那才怪呢。但是，已婚的苏青怎会犯如此低级的错误呢？

其实，苏青的人生经历很简单，从小外出求学，单纯的学校生活，导致她的性启蒙相对滞后。父亲早逝，母亲远隔，苏青在成婚前，性子中有柠檬般的酸涩、清澈，这是肯定的。她不知道"鼻子"在相书的含义，实属再正常不过了。当时的情形下，文章被热炒的内因还有一个，那便是苏青与陈公博的私交关系，成了众人猜测的焦点。如何这两人又扯上关系呢？

其实，苏青下笔写《〈古今〉的印象》时，与陈公博还不熟识，不然她也用不着为了工作如此公开溜须拍马，后来人猜疑的男女关系，张冠李戴显然是不切合实际的，时间上有偏差。

苏青的《论离婚》引起陈公博赞誉后再看到苏青歌颂他的文章，这对一位爱才惜文的成熟男子来说，怎能不心怀荡漾呢。于是，在朱朴的撮合下，苏青与陈公博见面了。这段经历，苏青在《续结婚十年》中也有特别详实地描写，只是主角换成了苏怀青和金总理。

她说："姑母亲自递给我一封信，信封足足一尺长，印着机关的名称，旁边用墨笔写上'金绒'两字。我不禁'咦'了一声。姑母的眼睛锐利地逼视着我，我不免心里慌了起来，只说句：'大概是不相干的朋友写来的'……'他老是借用机关的信封'，姑母怀疑地笑了一笑，也就走了。"

金总理亲自来信邀请怀青赴宴，而且信件是姑母传递给她，与一位汉奸头子来往，甚是让人轻慢的丑事，怀青是知道的。但是，迫于现实的压力和生活的窘迫，怀青咬咬牙，还是按时赴约了。

他们单独约见中，金总理敞开心怀，与怀青道了许多心中的苦恼和诸多的无奈。

苏青写到："他告诉我许多关于自己的历史，童年失怙，苦读，参加革命，希望的幻灭，但是他爱他的领袖，一个提拔他的革命前辈，如父兄，如师友，情同骨肉，他是永远追随他，知其不可为而为之。"金总理还对怀青说："我是甘愿为朋友牺牲的。"能清晰"明知不可为而为之"，此时的金总理，应该是很明白自己最终结局的，他的所谓的"朋友之谊，追随之举"，是愚忠的，忠奸不分，失去了做人的底线，被历史唾骂收场自是必然了。而金总理又是文化人，他应该是在现实的选择与良心的拷问间不知徘徊了多少次，失足遗恨的困扰，一直缠绕也未必没有，所以他见到单纯的文学青年怀青，有了强烈的倾诉欲望。这并不是男女之间的情愫触动，而是一场心灵救赎的对话。汉奸的头衔一旦顶上，没人能摘下来，就像怀青与他交往后，受惠于他的关爱与好处，这也是抹不掉的一段灰色历史。因为有了这次见面，两人加深了印象，懂了各自的苦楚，特别是当怀青提到工作没有着落，寄住在亲戚家有许多不便时，金总理萌生了帮助她的想法，这是很自然而然的事情了。

不久，怀青的工作便有了着落。当然是金总理办妥的。与此同时她收到了一张未署名的支票，整整十万元，面对巨额"来路不明"的钱，怀青大抵也明白，这是金总理送来的。一边是"嗷嗷待哺"的孩子等待她养育，一边是惴惴不安的良心拷问，经过思想斗争，怀青最终还是接受了这笔钱，并搬出了姑父家找到了新居所。

对于这段经历，真实的情形是，苏青利用陈公博援助的钱，置办了一套房子，开始了独立的新生活。她和李钦后在分居一年后正式离婚，结束了结婚十年的夫妻缘分。有人说这是陈公博有意促成的。其实不然，之前一拖再拖的婚姻"枷锁"，应该是苏青经济还不够独立，不够稳定，她有顾虑，有所担心，一旦这些问题解决了，离婚只是水到渠成的事情，由不得李钦后愿意不愿意了。

至于苏青是如何找到工作的，又是做何工作的，有一封信我们能知晓一二内情。这是陈公博托周佛海妻子杨淑慧转交给苏青的：


和仪先生：

昨晤周夫人，知先生急于谋一工作，同时我也知道中日文化协会有问题，非一朝一夕之事。

我想请你做市府的专员，但专员是没有事做，也太无聊。派到各科办事，各科习惯对于无专责的专员，时时都歧视。所以我想你以专员名义，替我办办私人稿件，或者替我整理文件。做这种工作，不居什么名义也行，但有一件事——不是条件——请你注意，最要紧能秘密，因为政治上的奇怪事太多，有些是可以立刻办的，有些事是明知而不能办的，有些事是等时机才可以办的，因此秘密是政府内为要的问题，请你考虑，如可以干，请答复我，不愿干就做专员而派至各科或各处室办事罢。

至于薪俸一千元大概可以办到。

此请

祝安

陈公博启

6月19日

最终，苏青衡量再三，选择了在伪市政府秘书处做事，这瓜葛让她沾上了"汉奸"的嫌疑。

从7月份上任，苏青仅仅做了两三个月的官员，最后被陈公博以"女人搞政治不适合"潜掉了。但薪水照给不误。

以苏青的智慧和才能，有这样的后台背景，真的做不了一个小小的官员职位吗？

这令人费解的问题，一篇苏青发表的《谈做官》将答案揭晓。

陈公博说政府中该说的才说，不该说的打死也不能乱说；该做的才做，能缓做得缓做，不能做的绝不能逞强做。苏青触及了陈公博的"底线"，将政府中的做事办事准则公诸于世，这不是让"市长"难堪嘛。虽然苏青并不是这样的目的，但是她

"自以为是"的做法，让陈公博感觉到了隐约的"不安全"，这个女人或什么都好，就是嘴巴不严实，那还了得。

当然，这也是一种根据推论的猜想，政治这东西，变幻莫测，如果陈公博不让苏青离开政府部门，那么，就不会有今后在出版史留下一笔的苏青了。苏青也许真的因为一直跟随陈公博而洗不脱汉奸的罪名。祸兮福之所倚，福兮祸之所伏。

苏青《谈做官》道："一个做大官的人，不但没有朋友，而且没有爱人。一个真正想讲爱情的女子决不会把做官的人看作对象，他的事情这样忙，行动这样不自由，都是恋爱过程中的致命伤。春天里蝴蝶儿踊跃了，他在忙着接见宾客；秋夜月光如水般泄下来，他已疲倦得沉沉入睡了，你还能同他讲些什么呢……所以我相信世界上决没有多少女子会真的爱上一个做大官的人，说是爱，爱的定是他的金钱与权势。除了金钱与权势之外，她若真的会爱上他，那么她定是世界上最痴心的人，因为她将因此而牺牲自己的全部青春与快乐。"

陈公博是上海市"市长"，他是大官呢。他没人爱、得不到爱吗？如果有人爱，那也是为他权势所诱惑，苏青与之交往也为这些吗？

纵然，苏青因为生活境况的无奈而有意外的机遇接触上了陈公博，一定程度上，她确是有"目的"性，她需要工作，需要收入。而她也接受了陈公博的支票馈赠，拥有一本陈公博签名盖章的空白支票，她只需轻轻地填上数字，就可以取现了。但是，苏青并没有动那一本极具诱惑力的支票簿，而选择了在文海中继续打拼，以自己的双手抚养孩子，供养家人，保全自己。这就是另一面的苏青，她是有着自我底线和觉醒的人，在那个战火纷乱、政治复杂的年代，女子要谋生，要懂爱，何等的不易啊！

当抗战胜利来到，汉奸陈公博最终受到人民审判的那一瞬间，苏青内心应该是痛楚交加的，以私人情感，或是以陈公博对她的无私支持和援助来说，苏青是感激涕零的，并且陈公博本身具有的文人气质，也曾吸引了苏青，作为一个谋生的女子，在她最潦倒、最困难的时候施予援助的任何人，她都是感恩的，记挂的，这就是苏青的本性。

# 第三章　天地之间

事业对于女人究竟有多少价值？我总在怀疑。须知男人的爱情开始便是事业的开始，因为他相信有了事业才可以保持他对她的爱情；而爱情失败后更加要努力事业，因为他相信事业成功了就不怕没有再获得爱情的希望。而女子则不然。女子的爱情成功了就用不着事业，事业成功后更得不到爱情，则此所谓事业又有什么用呢？我也知道女子一面恋爱，一面工作原是可以的，只不过那要全世界的女人个个都如此才好，否则，照我看来，一面工作一面谈恋爱的女人，总会较专心恋爱而不做工作的女人吃亏的。

——苏青

每个人都有一个梦想，它潜沉在岁月幽暗的熔岩中，它假寐，欲睡非睡，似醒非醒。这种本性中最原始的渴求与欲望，因为有所指，有所倾向，有所倚重，于是行进发展中，往往起先急功近利想突破自己，展示雄心壮阔，企图尽早踏上高速轨道，然欲速则不达，多次反复后，才懂得积蓄、沉淀、隐忍，等待风来时的厚积薄发。有梦想者，多半不会半途而废。

有人问，为何经常将苏青和张爱玲互为引子，牵出彼此的故事和精彩来。的确，这对"上海双璧"，她们不光现在被人们置于同平台上说道，其实，在 40 年代的上海，她们就已经是一对文坛上的"姊妹花"了。

据说，欣赏苏青文字的陈公博，同样也欣赏张爱玲的作品。

将苏青引以为知己的胡兰成，最终成为了张爱玲的丈夫。

而她们欣赏的人物也如出一辙，林语堂和鲁迅成为她们心中的精神领袖。

她们一生以文谋生，为文生存。张爱玲后期涉猎电影剧本，而苏青则开拓戏剧剧本，且都有成就和建树。

她们的文字生长、扎根于 30、40 年代的上海"孤岛"时期，文坛的荒芜和萧条，时局的不稳和不安，恰好给了她们挥书的平台和空间，使得她们一举成名。

张爱玲清傲，苏青暖热。张爱玲心性寡淡，苏青张力十足。张爱玲不喜交道于人，苏青善于八面生风。张爱玲与文字，是生活、工作、精神的产物，这之间的比重不分伯仲。苏青之于文字，生活为先决，其次是理想的实现，最后才是精神上的愉悦，三者之间的关系是有轻重缓急的。因此，在这些细微差别中可以体悟到她们的理想为何。

张爱玲的理想自始至终不曾改变，而苏青的追求随着她自身的变化而不断改变。

当有了人身自由，生活保障，社交人脉和文学圈子后，苏青的心蠢蠢欲动了，她曾经不敢想或未曾达成的想法，此刻一股脑儿地钻出来。

从"市政府"出来，闲暇的时光正好给了苏青充分思考和规划未来的时间。有一个事情她朝思暮想了许久。其实，当初她与前夫李钦后看到朋友们创办杂志热火朝天，认为有甜头可尝，也曾兴致盎然的下水一番，但不懂行也不懂经营的他们很快败下阵来。于是，苏青参与的第一份期刊《小评论》无疾而终。后来她也向陶亢德提及过开办杂志的想法，都被她的启蒙恩师给劝阻了，认为时机不够成熟。苏青心中记挂这事，一直没放下，她何故这么执着呢？

一个人的理想，或许在经过外界的阻力和打击后愈发坚定、执着，苏青亦是如此。第一次办刊的失败，又经历了小编辑都做不好的尴尬，到后来《古今》的总编周黎庵（在老板朱朴同意的情况下）拒绝了她的应聘，而《风雨谈》主编柳雨生也一直将她的《结婚十年》连载不作重要位置刊用，尽管陶亢德也打过"招呼"。这些都让苏青感觉到作为作者的苦恼和悲哀，既然自己有了机遇和平台，何不参与一把呢？

于是，她再次向陶亢德征询开办期刊的意见，这次陶亢德没有反对，进而为她作了指点和建议。

有了指导"总监"，接下来便是经济支持，苏青便找到陈公博，"市长"答应给她五万元作为启动资金，而与苏青交好的杨淑慧也送来两万元作贺仪，一切停当，苏青一段轰轰烈烈的老板、编辑、发行生涯正式开始了。

她取杂志名为《天地》，出版社名为"天地出版社"，正式运营的时间定于 1943 年 10 月 10 日，苏青时年三十岁。不知是巧合还是有意为之，苏青撰写的《结婚十年》中，苏怀青与徐崇贤结婚日是 10 月 10 日，而他们的婚姻刚好经历 10 年整，这些恰恰好，犹有余味。

《古今》《论语》《宇宙风》《天地人》，集天地大成，道洪荒开来，望浩淼时空，多少往事付诸古今传奇中，宇宙之大，不管风向哪儿吹，总有精魄如大小珠玉落银盘，从而慢慢地传承下来。苏青将月刊定名为《天地》，其名字气象可比肩林语堂、朱朴。以徐訏创办的期刊命名，不失为典范之作。

宏大的名字已经让人青睐有加了，那么她会邀约什么样的作家加盟呢？真让人有些期待。

苏青最先想到的是有知遇之恩的陶亢德，没有他，就没有苏青以及苏青的期刊，顺理成章陶亢德都该赐稿一二，况且以陶亢德在上海出版界的地位，有文道贺必是对期刊起到肯定作用。不过，陶亢德却以"一向编而不作"推却了。但苏青仍有法子，她将陶亢德在日本游学期间邮寄来的指导书信，编辑成了名为《东篱寄语》的文章刊发在了《天地》上，并谨记其倡导的"多带一点巾帼气，女中的丈夫总还是女性……贵杂志一方面固须老作家撰述，一方面亦不妨多使非作家写写文章。"期刊要有文学性，又趋大众性，这样才能兼顾各方，广开作者和读者群体，办刊才能保持持久性。陶亢德非常清醒地看到了这一点，这就有了后来陈公博、周佛海、杨淑慧、梁文若、汪正禾、胡兰成、赵叔雍、冯和侠等行外人的"赐稿"，政客、贵妇、名媛、公子哥儿……凡能增加看点卖点，吸引眼球的人物，苏青都试着去约稿。当然，《天地》的办刊质量并没因这些所谓的"外行"人参与而减弱，相反颇有面面俱到、囊括"天地"之感。

其中，最有意思的算是苏青约稿张爱玲的一段趣事。说是苏青原本打算用统一印制的作家征稿信函，因油印机暂借不到，只能改为手书。本是郁闷失望的她，没想到竟因此有了意外收获，她饱满圆润的字体和幽默俏皮的文风书写的邀请函成了亮点之举。她的一句"叨在同性"，让性子清冷的张爱玲不由地

"扑哧"一笑，这就是苏青为人处世的独特作风。如若真的是统一函件，张爱玲是否入驻《天地》作家团队，倒真的不一定了，上海文坛或将会失去一道最美丽的风景线。

苏青还是作者时，将嘴皮子化为笔杆子，展现的是知识和眼界，当她成为老板的那一刻，其商人本色尽显。她把宁波人精明、敏锐、开拓的思维运用到实践中，成绩令人刮目相看。

出版行业的链条其实非常简单清晰：资金——策划——作者——作品——编辑——印制——发行——回笼（资金）等。苏青是如何玩转这些环节的，如何将《天地》一经发行，几天就卖断货不得不再版，其手段和方法很有研究价值和学习价值。

说钱的问题解决后，便是白纸供应的难题。沦陷时期的上海，白纸限量，一般人是拿不到的。但此时的苏青非同他日，"背靠大树好乘凉"让她如愿以偿地得到了纸张供应。接下来是重要的一环，策划封面、目录、排版、插画等。苏青有过编辑经验，加之她的聪慧与刻苦，目录和排版不在话下，但如何定位封面风格，让插图吸引眼球，她却是不在行了。如何解决这一问题呢？

如今保存的《天地》月刊，包括苏青出版的小说和散文集等，其封面设计的独特性和丰富性成为最大亮点，即使是在当下，其设计理念也是前卫的，有可圈可点之处。这些独一无二的画稿，源于谁的手笔？

苏青在伪中华联合电影公司任编剧时，结识了一位名叫谭惟翰的青年人。班公曾有一篇《谭惟翰这个人》的文章发表在苏青的杂志上，还附了一张照片在侧，文中说"他很年青，很文雅，很美丽"，而照片上的谭惟翰确实眉目清秀、干净透明，难得的"漂亮"男子，正是他，应邀设计了苏青《天地》期刊的众多封面。而苏青也说谭惟翰的封面"别致得很",非常满意。

《天地》期刊上还有一个人设计的封面也独树一帜,这人便是张爱玲。她设计了第十一期到第十四期的封面,其中有一幅作品,堪称绝佳,甚能体现天地之蕴藉。封面下方仰卧着一位安静丰腴的女子,通体透红色均,纯朴归真,她的眉、眼、鼻、唇、发际、发簪、颈、上颚、下颚、衣领只是寥寥几笔的勾勒,便生出乾坤,山峦(鼻)、河流(发际)、悬崖(下颚)、人群(发簪)、湖泊(眉眼)、城池(衣领)、洞穴(嘴)等代表大地的万物,上方则是蓝色的三朵祥云。彩霞,喻为天,又似女子轻轻吐纳的呼吸,循环亦如空气流转。

谭惟翰一手画技,兼具古今中外特色,韵味十足。而张爱玲在想象、思维和着眼点上也有与众不同之处。他们为《天地》杂志创作的封面,便是一面时代的扉页,一帧历史的画卷,蕴涵厚重,气息独特,咀嚼留香。

作者决定了作品的层次,作品决定了杂志的档次,档次决定了出版的收益,每一个老板其实都懂,但不是谁都能笼络到成名大家或新锐写手。好在苏青脑子活,也有出版界的诸多前辈、朋友鼎力扶持,于是,开办初期便出现了"洛阳纸贵"的局面,《天地》一出刊,常常几天就脱销了。

《天地》的火爆,到底基于什么?细究作者阵容或可知晓。

周作人、班公、陈公博、周佛海、朱朴、实斋、苏曾祥、知堂、苏红、周楞伽、丁谛、秦瘦鸥、柳雨生、胡兰成、谭正璧、文载道、汪正禾、张爱玲、杨淑慧、梁文若、冯和侠……名家、政客、出版人、编辑、编剧、评论家、当红女作家,权贵女眷,等等。这些当时有影响力的人物,与苏青稍微熟识投

缘的，都成为了《天地》的忠实作者，这也是《天地》出刊时
花团锦簇的缘故。因为作者们来自不同领域、不同行业、不同
层次，就产生了话题的多样化、结构的多元化、口味的多变化。
一方小杂志，天地大乾坤，他们不经意的一个观点、一句导语、
一种想法，便能勾起读者的兴趣，牢牢地俘虏人们求新追变、
好奇敏锐的窥探心理，受到追捧也实属情理之中。

趁着暖来风，苏青点子活泛起来，不断有好策划助推杂志
名气。

同题（命题）作文，这是大多文学爱好者喜好的文字游戏，
苏青将其发扬得淋漓尽致。曾是杂志忠实"粉丝"的她，非常
了解读者的胃口，清楚市场的需求，当然她会主动去抓住读者
的心。

杂志发行的第三期，苏青就举行了一个题目为《最……的
事》的征文活动。活动不限作者，不限期限，聊聊就好，说说
就行：天下事，家国事；高兴事，悲伤事；有情事，无情事；
忙碌事，无聊事，事事皆可，参与尽兴，一律不设奖项和奖励，
纯粹的大家谈，有兴致便好。读者收获了，苏青受益了，作者
也畅言了，众人各执己见，言论千秋，一番文思暗涌，波澜兴
起，煞是好看，也足够热闹。

其实在第二期的时候，聪慧的苏青就已经找到了资金回笼
的一些办法。比如预定预售，折扣吸引等，这种当代人常用的
营销诀窍，苏青早就运用自如，令人不得不佩服她的见地和思
维，非常有前瞻性，一位很会做生意的女作家，在民国时期不
可多得。

时常制造悬念，吊足读者胃口，这是苏青惯用的营销理念。
当读者还手捧着新期刊，津津有味阅读着文字的时候，冷不丁

的一个作者、作品预告，已经将你带去了下一期精彩内容的想象中，这便是苏青的高明之处。在大刊物《风雨谈》上打广告，借力涨势，这种办法虽没有"一两拨千斤"的功效，不过喜欢《风雨谈》的读者，必定有人会关注起《天地》来，于是《天地》和《风雨谈》呈现双赢局面，双方皆乐。

挂"名牌"，树"旗帜"，一个品牌企业，必定有自己的形象代言人，《天地》也不例外，但如何打好这一张"牌"呢？创造机会，适时推出，或许才能事半功倍。苏青借助新年喜庆，顺势策划了一个特刊，将篇幅增大，将纸张质地变成铜版，如此便于登载作家的相片，从而产生视觉冲击，迎合了读者期待新年新气象的新鲜感觉，简单创新，却很有新意。

投身于事业中的苏青，忙忙碌碌，不断地开拓前行，她体悟着生命的真谛，体会着人间的百味丛生，也体味着离婚女子的孤独，那种难言的哀伤，一直伴随着她。谋生谋爱，可否两全呢？

# 第四章 两顶"冠冕"

谚云：水往低，人望高。试现目前所谓职业妇女的真相如何？几个赫赫有名的女事业家，还不是幕后全仗别人的照应？至于真正靠自己能力而生活的女人也不是没有，只是苦得可怜，或许仅够养活一身，远不及交际花之类倒往往是孝女兼做慈母的，她们负担极重，因此不得不阔绰地卖淫。

——苏青

刘晓庆说："做女人难，做名女人更难。"这句经典语录引发的共鸣，不单是女人、名女人，或许，也能令男人心有戚戚。男人打拼似是循自然之道，是责任，是担当，若换作女子出头，一旦成功，有了名望，多半会顶上"女强人"的冠冕。这副"枷锁"下，看作褒奖、赞美亦可，认为强势、狠角亦是。

世间男子伟岸挺拔如青峰，女子柔美韧性似流水，山水相依，山水相映，诠释着生命的和谐与共进，彼此依偎，缺一不可。

当平衡一经打破，那么，格局就发生转变，男子以不变应万变，而女子却不得不为生存和生计而改变。这便意味着独立前行，意味着风雪自担，意味着孤绝坚守，她于是在众人的眼中，多了清冷，多了坚硬，多了一些"背道而驰"的作风做派。这是必然，也是无奈。

苏青有过两顶"冠冕"，被世人众说纷纭，至今也摘不掉。什么样的"冠冕"，竟然让她戴了大半个世纪，这得从苏青的作文、做人说起。

有人说她是"大胆女作家"，甚至扣上了不雅的"文妓"帽子。

这个中缘由，得先从苏青的著作、文章开始追溯。

在民国时期，尽管思想趋于开放萌动，但在封建意识的固守作用下，社会形态和人文环境既矛盾又接纳，既纠结又融和，既抵制又相契。非常具有时代性和标志性。这个时期的知识女性，保守中有观望，蜕变里求成长，她们知行未必协调、合拍，在坚定中反复否定，当这种现象一旦被人打破时，那么这个人就可能引为舆论焦点，备受关注和议论。苏青就是这么一个吃了"螃蟹"的人。

半个世纪弹指一挥间，文艺文学百花齐放，历数精彩篇章。年年岁岁却有相似，岁岁年年亦有相同，但若去挖掘与苏青文章异曲同工之妙的作文风格，却鲜有。其实文坛从不缺大家、名家，也不缺好文章、好风格。不过，苏青这股子笔力劲，泼辣、爽气、洒脱的文风，却是一眼就能甄别，"只此一家别无分店"，这就是她文字的魅力。

苏青的自传体小说《结婚十年》《续结婚十年》，短篇中的《谈性》《好色与吃醋》《谈女人》《谈男人》《谈婚姻及其他》等作品，在当时是开创了先河之举。一个女子敢于公开谈论男人、女人，敢于侃侃而述对情感的经历和看法，敢于在大众面前提及性及人性，需要的不仅仅是勇气，往往能窥探到其思想中的"离经叛道"，骨子里的"血性花蕊"，基于性子使然，才有了笔下的诸多因果。

据说，苏青最大胆的一件事是将《礼记·礼运》中的"饮食男女，人之大欲存焉"修改成了"饮食男，女人之大欲存焉"，一个标点符号的简单移动，寓意便"差之毫厘，失之千里"了。也正因为这件事情，扯出一桩文字公案，至今仍然被有心人津津乐道地揣度。

其实，民国时期女作家有文字公案的不在少数，林徽因与冰心因为《我们太太的客厅》，沸沸扬扬闹了半个世纪也不得消停，张爱玲与平襟亚因为《一千元的灰钿》延伸出来的《不得不说的废话》《"一千元"的经过》的文仗，也曾打得不亦乐乎。这不由得让人浮想联翩，对探究苏青几桩文笔官司也好奇、冲动起来。

但凡看过苏青文章、了解她性子的人，都能从中体悟到，这是一位"强硬派"作风的女子。做事做人有主见，个性自我自负，这样的脾气最容易起事端。当然，这也有局外人的臆想和假设的成份，带有主观性和猜疑心。

都说凡事不能想当然，看到的不一定最真，听到的不一定最清，悟到的不一定最准，许多人事，在特殊的年代、特殊的背景下，经由特殊的因缘发酵，起始和结果往往常出乎人意料。

苏青的第一桩文字官司，就这么莫名其妙地来了，显得有些猝不及防。

1935 年 9 月 16 日，林语堂创办了半月刊《宇宙风》，在创刊号和第二期上，苏青分别发表了《科学育儿经验谈》和《现代母亲》两篇文章，先简单浏览标题，便知其行文率真。喜好单刀直入，对想表达的核心不拖泥带水，直奔主题，意图明显。这种直截了当的手法，常常会将读者带到想象的误区，总会让人觉得苏青的文章题材偏于议论；实则不然，她的短篇文字多为散文，笔锋有论文的犀利，笔力有小说的深度，笔触有散文的细腻，笔调更为大胆开阔，风格蔚然一体，自有乾坤。

在《科学育儿经验谈》和《现代母亲》中，苏青作文不失机警、幽默，她原本想抨击的是那些一味"迷信"科学养育，只会照本宣科的年轻母亲，养不好孩子，最终是靠奶妈的"土方法"将孩子带得壮壮的这些琐碎事情。这些纯属苏青个人的经历感悟和真切体会，洋洋洒洒道来，有亲临其境之感，正因如此，有关注者和热心人就有看法了。

当陶亢德将一封读者来信转到了苏青手中时，不知苏青是哑然一笑，还是抿嘴无奈，或生气不屑。最终，在《宇宙风》第六期上见到了一名叫赵敏求的信件，一篇苏青作的名为《科学育儿经验谈之性质及命题》的文章。且不说信件和文章说了些什么，最大的看点却来自于林语堂附了一段话在苏青作品后面，他道："语堂批案：你们俩一男一女，妄事生非，且语多牵扯，累及本'堂'，池鱼遭殃。本堂与原案无涉。不必搅在里头。且赵生牝鸡司卯，未免多嘴，冯氏逢场作戏，不必深责。是奶是水，全是捕风捉影，非奸非杀，何故击鼓喊冤？以喂乳作免战牌，冯氏既自知不合，倘汪妈呈辞职书，赵生岂甘为荐头店耶？冯氏发回养儿，赵生务须安分，此后若闻人作天癸高论，仰即免开尊口。"

能将林语堂吸引出来公开断案的情形并不多见，这次是何故呢？

一位初出茅庐的女作者与一位极为普通的男读者之间，他们因为对文章理解不同造成的分歧，原本《宇宙风》编辑做一段导语就可平息的事情，却惊动了刊物的发起人林语堂亲自出面调节，这似乎并不合常理。且说赵敏求的信件是没有提前公开的，是陶亢德收到后转交苏青预览，为此才有了苏青的下文。而下文之后还有"黄雀在后"，那便是林语堂的一段附录言论。当理清楚思路和线条后，是不是觉得疑惑丛生，是不是林语堂不经意看到了读者信和苏青文，因某种不谋而合的感悟，便来了兴致，发现了潜在的看点，并将看点有意放大。于是，一件本来寻常的文字官司，因为林语堂的批注（案），名气大噪，刊物收益，读者满意。而作为"委屈一方"的苏青，无意间收获的却是林语堂的青睐有加，以及名号的打响。

或有人会说这样的猜测和揣度难免牵强附会了，事实上，林语堂爱惜苏青才情，那是有据可证的，原本他们的缘分还不止于此。林语堂曾约见苏青，却因苏青怀孕中或顾虑形象对自己信心不足，放弃了一次绝佳的因缘际会，不久林语堂便出国了。这件事让苏青终身抱憾，成了心口的隐痛。

到底是什么打动了林语堂，让他对苏青另眼相看，除了文字还能是什么！

幽默、犀利、直接、大胆，女子行文能如此，在文坛极少见，又合了林语堂的节拍，想来林先生他不掺和一把，谁能有他这样的力度助推新人"苏青"呢，看似无意，却是有心了。

苏青的写作风格，敢于揭露的行文特色，让她的读者粉丝群多了几许期盼和遐思。

她说："她们只能爱着男子遗下的最微细的一个细胞——精子，利用它，她们于是造成了可爱的孩子，永远安慰她们的寂寞，永远填补她们的空虚，永远给予她们以生命之火。"

她说："男人都是爱女人的，然而不能够解释得明白，因此女人便淌眼抹泪。一般女人只知道细语温存，搂呀抱呀叫做爱，须知道男人们的事情正多着呢……又谁能专心一志的同女人缠绵？"

苏青语出惊人，道男人也不敢直白的性情话，这便惹来了"大胆女作家"的封号。像"男人爱女人的年轻美貌，这是男人的天真直率处，也是男人在生理上易于冲动之故。性爱原由刺激而来，然而不能持久，因为两人相处得久了，兴奋便自减少。"这样的描写，但凡写到女人和男人，她都不绝于口，随时道来。

其实，将苏青冠以"大胆女作家"的称号，还有一个值得探究的内因，那便是苏青的个人情感经历。在谋生谋爱的过程中，她曾纠葛的那些若明若暗的感情，成为诟病的引线。

除了苏青本人，没有人能真实全面地了解到她的情感经历，只能从她的小说、散文中，从某些作家的文字片段中，或一些八卦传闻里揣度那些她交往过的对象。政界的人物、军界的上校、出版界的编辑、新闻界的大腕、商界的老板、教育界的学校教员、工程师等，他们或与苏青有过情感过程，甚至有些同居过，遗憾的是没有人向苏青提出过结婚。

在《续结婚十年》里，苏青曾描写到一位叫谢九的上校，据考证，此人乃台湾作家王林渡，笔名姜贵。抗战胜利后，王林渡主持京沪地区日军投降接收，其间认识了苏青，因为彼此都爱好文学，有了共同语言，且身在这种非常时期中的苏青急需一个坚实的臂膀，既可生存，又能阻挠军统的骚扰（苏青与陈公博、周佛海、陶亢德、柳雨生等人的关系，难免会受到军统的随时传唤），作为中统的王林渡，自然能庇护到苏青，加之王林渡之妻在战争中失联，于是他们的交往和同居也就"顺理成章"了。

但是，他们彼此的不信任和某些芥蒂，随着王林渡与妻子的团聚，让之前的一切又归于平静，而且相互留下了"怨气"。

苏青在《续结婚十年》中对谢九的描写，王林渡（姜贵）非常不满意，甚至嫉恨，于是在香港的《上海日报》连载了半月的《我与苏青》，在台湾《文艺月刊》上发表的中篇小说《三妇艳》，都是对苏青的抨击和不屑。不过，从一些只言片语中能够察觉到，王林渡对苏青上心过，动情过，也付出过，特别是在妻子失联后，他是真想与苏青好好过，但是，苏青却不这么认为。《续结婚十年》中苏青借怀青之口说出了实情，她觉得谢上校与其他男子一般，为了情欲和性欲居多，尽管她也渴望一个真正的归宿，谢上校之于她，她有些爱不起来，也许这才是内因。

这段公案，局外人理不清扯还乱。

张爱玲对苏青一生奔波劳累的写照，只用了一句话，便囊括了全部——"谋生之外也谋爱"。从话中或能得知，如何维持生活，如何生活好，才是摆在苏青面前最大的问题和困难，有了这个基础，苏青才会考虑谋爱的可能性。那么，既然生活成了苏青的负担，她又是怎么"谋生"的呢？

1945 年 4 月，苏青在《光化日报》上发表了一篇《谈折扣》的文章，谈到了稿酬在文汇书报社遭到了剥削，内心不平，于是挥书说事了。不想，这有些泄恨的内容，有人看不过去了，一篇署名危月燕的《与苏青谈经商术》的文章发表在了《社会日报》上，文章中谈及苏青诸多的脾气和个性，当然，并不中听。

危月燕说，苏青"作为一个宁波女人，比男人还厉害。不但会写文章，而且会领配给纸、领平价米，做生意的本领更是高人一筹，她出的书，发行人仅想赚她一个35%的折扣都不容易，竟然自己捎着《结婚十年》等著作拿到马路上去贩卖，甚至不惜与书报小贩在马路上讲斤头、谈批发价，这种大胆泼辣的作风，真足以使我辈须眉都自愧不如。"

这些还不能打住，他继续道："虽然苏青小姐作风大胆泼辣，但就我个人来看未免失策，原因不外乎有这么几条：

"第一，是苏青小姐太急功近利，结果反而贪小失大，以她的《浣锦集》来说，实在不失为一本好书，但此书出到第七版仍然定价一千元，未免太贵，再版书售价应该低廉一些才能畅销。另外文汇书报社的六折、七五折，也不算太高，卖给地摊报贩，虽然可以提高一个折扣，但一本书也只仅仅提高了十元左右，另外，小贩一次最多只能批销十本，且不能立即支付现金，不如文汇书报社一次性可预先付她书款的半数，如果只因为想多赚几万元，情愿放弃预支的现金，岂不是因小失大，失策过甚么？

"第二，是苏青女士不太懂得出版与发行之间交情的重要，社会上女人做事派头奇小。有时明知吃亏也要顾及交情，俗话说吃亏就是便宜，所谓"得道多助，失道寡助"就是这道理，如今上海的小报界对苏青女士的论调往往贬多褒少，岂属无因？如果认为都是有人从中在作祟，那就大错特错了，希望苏青能知错改错，反躬自省，若认天下人都是凶人，在《天地》杂志上写《敬凶》这样的文章，那么在社会上非成为孤独者不可。

"第三，商场上建立信用是第一要义，信用就是金钱，甚至比金钱还重要，苏青小姐只知金钱，不知信用，在发行中今天托这家，明天托那家，甚至不惜纡尊降贵亲自跑到报摊上去接洽，为一两个折扣将协议置之不顾，虽然手段厉害，但一旦失却信用就无法在社会上立足。

"文章的最后用一首打油诗结束：勿贪小利，要卖交情，建立信用，第一要紧。结婚十年，应懂做人，出言吐语，自己谨慎。乱发脾气，非生意经，依法追诉，不知所云。得道多助，失道寡邻，不必敬凶，自有钱进。"

看到这样的批评文章，谁能受得了，换作当下，不管谁是其中的主人翁，也得吵得天翻地覆了。

这样的文字，是朋友间的调侃，还是朋友指正苏青问题，或是文者为报社打抱不平，当然也存在与苏青有过节，产生文人相轻。其实这个人苏青太熟悉了，此人曾经是《天地》杂志的作者，那个时候，这位作者的文章还不止一次发表在期刊上，这人便是作家周楞伽，与苏青熟识，算是老朋友。这样说来，同为作者的周楞伽为何帮着报社说话？似乎有些不合常理。

不管如何，官司是拉开了战幕了，苏青老是不小心就中弹，这确与她的文风和作风有关，"小鹦哥"嘴害人啊！

苏青能咽下这口气？肯定不能。

4月20日，苏青一篇名为《女作家》的文章发表在《光化日报》的"饮食男女"栏目，说有人攻击她文章走红的原因是写了一些"月经带文字"，说恨不得说这话的男子"自宫"或帮他"割掉男人的累赘"。而后直接对准周楞伽生理缺陷攻击，说他是文汇书报社破格优待的文人……女作家也是人，人的权利总要争的，你周楞伽不喜欢贪小，随便你把书款全数奉送给人，或者不收版税也好，不关我的事，但是我的事却不要你来瞎管，你耳朵聋，一张嘴又说不清楚，不要把鸡毛当令箭。最后苏青还补上一句："情愿不当什么女作家，实在咽不下这口气！"

文仗的结果是，报社乐，读者笑，当事人气。气了就更咽不下气，得继续战斗啊！

　　不久，周楞伽直接真名在《社会日报》上《正告冯和仪》，说原本玩笑几句最后却愈打愈凶，不惜人生攻击，说苏青的《结婚十年》这样的作品是毒害青年，麻醉社会。

　　苏青对此再道《矢人惟恐不伤人》，谈作家应有的条件和为人，讥讽周楞伽多管闲事，提及他耳聋残疾，对此挖苦。

　　紧接着，怒火冲天的周楞伽再发表了《再告冯和仪女士——论当女作家的条件》，他说"冯女士当不当女作家，不关我的事，但冯女士既以女作家自命……可是她给予我们的作品太使人失望了，什么《结婚十年》《饮食男女》，翻开内容来一看，满纸'风流寡妇''两颗樱桃'，大胆老面皮，肉麻当有趣，读之使人魂飞天外，魄荡九霄，难怪苏州某书店将她的作品称之为'科学的性史'，这样的作品，不但不能推动历史社会的进化，是足以毒害社会，开历史的倒车。敬告冯女士，女作家的台被你坍尽，你如能从此不当女作家，退出文坛，此乃文坛之幸，女作家之幸也！"

　　最后战斗还不罢休，周楞伽又针对苏青新发的文章《敬凶》发表了《毕竟是谁凶》，而另一篇《犹太型》中的一篇打油诗："豆腐居然吃苏青，血型犹太赐嘉名。书中自有颜如玉，恋爱岂可向众论。应得权利难放弃，迟付书款杀头型。拜金第一人都晓，何必推非以色民。"让苏青从此脱不掉"犹太作家"的帽子了。

　　做女人难，做名女人更难，做沦陷时期的民国才女难上加难！

　　苏青纵然有许多不是，但是她坚强不息的谋生精神，一个人赡养母亲、长辈、弟妹、孩子的担当更是令男子也汗颜，她有她做人的原则和道义底线，不失为一位有骨气的新民主主义女性。

# 第五章　苏州行记

席上向汪正末先生索稿，汪先生命先喝酒，乃一饮而尽，不觉即醉。下午去天平山，不得不坐轿子，在轿中睡了一觉，途中风景不详，抵山时尚醉眼蒙眬，爬到一线天时，才感到危险，稍为清醒一些。

——苏青

电视连续剧《天道》中有一个关键词——文化属性。

中国谚语："一个和尚挑水吃，两个和尚抬水吃，三个和尚没水吃。"

美国谚语："一个人做生意，两个人开银行，三个人搞殖民地。"

文化属性的最基本定论：一个人、一个社会团体、一个民族、一个国家的生产生活的习惯的定性（基本的文化素质表现）即为文化属性。

这是一个无法用三言两语概括的充满哲思的蛊惑词汇。如果将它置于沦陷时期的上海滩，置于当时文化圈里的一群人，置于一位叫苏青的女子身上，那又烙印过什么样的文化属性？

上世纪三十年代，现代作家沈从文在一场文学争论中提出了京派和海派的关系。沈从文、芦焚、林徽因、凌叔华、萧乾、李健吾等为京派代表，张爱玲、苏青、刘呐鸥、施蛰存、穆时英等则是沪地热门人。不难看出，南腔北调，风格迥异中，源于"土壤""空气""温度"的大相径庭，发酵的文风、气韵、格调皆有所属，带有明显的地域标识。

于是，京派和海派作品，成为一种文化符号，影印在历史烟云中，折射出某段残垣断壁下那些鲜为人知的故事，伴随时光的碾磨，越来越珠圆玉滑，不断被拾起、问及。

而不管何时何地何境下，推动、造就繁荣的文学事业，将这些文化符号宣扬、传递出去，须得有一批实力雄厚的出版社，精通业内的出版商，名堂响亮的出版物，在这些载体条件的支撑下，顺势而为，顺应而为，顺时而为，或许就能水到渠成了。

在四十年代初的大上海，文学之花处处皆放。出版人即是作者，作者便是编辑，编辑原是出版商，诸如此类的情况比比皆是，这样抱团，彼此依偎取暖，资源共享就成为一种必然。

苏青笑说"叨在同性"，即俘获了张爱玲的芳心，成为《天地》杂志的常驻作家。换作其他出版人，能像苏青这样以最少的成本博得最优秀的人才吗？

陶亢德发现新人苏青，多有书信交流。柯灵想留住张爱玲，亦师亦友，颇费心思。有"东方佐尔格"（五重间谍）之称的《杂志》老板袁殊，他联络作家的方式，更为大气，曾邀请十多位文化人去苏州集体游玩，只可惜，重要嘉宾周黎庵和张爱玲却缺席了。当然，这并不影响一行人的心情和雅意，特别是苏青，忙碌之余，正好放松疲惫的身心，她的兴致更浓。

苏青在《续结婚十年》中，以苏怀青的体验角度，将此次出游作了较为详尽的描写，再现了当时文学群体的形态，文人作家的心态，同行者间的情态，在那些细心、微妙的文笔流转间，勾勒出一幅栩栩如生的文化众生相。这些侧影的写照，远远不只是苏青在表达个人情感，其中对几位左翼人士的描摹，恰好刻录下他们的"工作"影子，弥足珍贵。

一位是文中的郑烈，其现实原型是袁殊——苏游活动的发起人。这位有着特殊身份，在特殊年代中，在各种场合下扮演着各种角色的文化人，他以军统、中统、汪伪、日伪等不同的势力作掩护，借机、借力为党搜集情报，营救被捕的共产党员，开展各种革命活动，其实袁殊真正的身份是中共地下党员。其先后开办的《新中国报》《杂志》月刊、《政治》月刊等，成为其最佳的工作平台和活动掩体，便于积极联络各方、各界的情报。据说，袁殊曾经邀请过苏青加盟他的编辑团队，而苏青则因袁殊的"汉奸"身份拒绝了。

地下党员组织的苏游活动，袁殊会邀约自己的同志参加吗？

掠过一些文字记载，慢慢去抽丝剥茧，倒是发现了蛛丝马迹。

苏青说："她本是江北的'左'倾女性，给郑烈手下的特工捉过来，备受酷刑，不肯投降。后来郑烈本人惊奇而发生兴趣起来，不知采用何种手段，居然使得那位女英雄帖然就范了——至少在表面上。"

这个"她"是谁，苏青说"她"名为"张明健"；她为什么被抓，特工说她是"左"倾人士；郑烈因何会对她有了兴致并让她帖然呢？苏青智慧巧妙的一句"至少表面上"，让人茅塞顿开。同志间不就是战友嘛！张明健的原型，后被证实为吴婴之，她在这次活动后交上的作业稿题目为《登灵岩天平》，文中自称记者，点到"如果说这是义务……"由此可以设想，她会不会是袁殊杂志的编辑呢？以这样的身份作掩护，加之有袁殊"罩"着，那么工作就自然容易开展了。

吴婴之还说："同游作家中，有两位是女作家，一位是《女声》社的关露小姐……"当然另一位则是苏青了。

再从苏青《续结婚十年》中去认识关露小姐，她什么样的一位人物呢？这次苏游既然是一行三位女性，而张明健（吴婴之）和苏怀青（苏青）身份自是不言而喻，那么，另外便是苏青笔下的"秋韵声"小姐。她又是作甚的，与袁殊有什么关系？

苏青道："秋小姐据说也是左翼出身的……最近替一个异邦老处女作家编这本《妇女》，内容很平常，自然引不起社会上的注意。那秋小姐看去大约也有三十多岁了……她见了张明健很是喜欢，说她俩是曾经站在同一条战线上过来的。"

与吴婴之的游记对照着细看，不难发现，这位秋小姐即是关露，而且和袁殊、吴婴之关系密切，她也是左翼人士。一句"她俩是曾经站在同一条战线上过来的"，苏青用得巧妙，有四两拨千斤之效，点明了俩人战友、同志情谊，这次不期而遇，自然显得格外惊喜和欢欣。不过，透过苏青字里行间的语气，她对秋小姐（关露）还是保持着距离和看法，或有文人相轻、才女抵触的因素，但也不能排除关露和吴婴之对苏青也有芥蒂，毕竟她与汪伪政权要员走得近，他人也会避嫌。当然，苏青也会想，既然秋小姐你是左翼人士，为什么搅和在日本圈子里，因为苏青的做人底线中，绝不交往日本人。

但她或许没想过，袁殊、吴婴之、关露与形形色色的敌人、日伪、汉奸交道，正是他们开展工作的好平台、好良机。这一群红色"间谍"，日夜行走在滚烫的钢丝上，生命插入敌人咽喉中，早已将生死置之度外，局外人根本不能懂得也无法辨识他们的思想行为到底为何，只有当历史大幕翻开新篇章，回过头去检索曾经，猛然间，哦！才知道原来如此。

苏青看她们，应是雾里看花，偶然间捕捉到一些信息，却又在转瞬间消失殆尽。彼此不是"同道中人"，怎能知道同道中事呢。

这次苏游，关露交卷一首诗歌：《吴歌》。

苏青干脆奉上心里独白，几篇日记虽别出心裁，却有应付之嫌。

同去一行十多人，据说还有实斋、谭惟翰、文载道、钱公侠、黄果夫、谭正璧、予且、江栋良等，他们都有作业交与《杂志》。这些作品有《苏州记行》《苏游杂记》《苏台散策记》《苏州的女轿夫》《苏州印象》《记灵岩天平之游》《苏州印象记》《苏州素描》《登灵岩天平》等，以此表示对东道主袁殊的感谢和对期刊的支持。

从活动名单中不难看出，除了两位女性，其他男作家多与苏青熟识，他们同时也是《天地》的忠实作家。袁殊此番揽才纳贤，实属人才合理流动，资源共享之举。其实，从1943年3月开始，苏青就在《杂志》上发表作品，《胸前的秘密》《一张熟悉的脸孔》《听肺病少年谈话记》《好色和吃醋》皆发表在《苏游日记》之前。而《杂志》后来还陆续刊登了她的《蛾》《河边》《评影片〈现代夫妻〉》《为杀夫者辩》作品。其中一篇《为杀夫者辩》，曾经还掀起过一场舆论的轩然大波。

她要做什么，这么坚决！她要为"杀夫者辩"！

"杀夫者"，一个手刃丈夫的女子，与苏青何干，这种刑事案件，哪儿或许都可以抓一把，不过这次还真不是苏青先多事。其实起因简单，一桩社会热论的詹周氏杀夫案，引起各界广泛关注，《杂志》记者新闻触角敏锐，决定约稿苏青，希望她谈谈自己的想法和看法。题目本是拟草好的，或是基于此，苏青兴致不高，虽最后应承写，但其内容却大大超乎记者的预想，其观点是为杀人犯辩论，这种背道而驰的做法和作文，当然符合苏青的个性特征，不然，《杂志》也不会约稿于她。苏青总能在普通的事件中独辟蹊径，找到切入点和突破口，撕开事物的伪装，在扑朔迷离中理清线索，还原本来面目，不管她阐述得是否透彻、完整，其笔锋是犀利直接、咄咄逼人的，杂志社喜欢这种铿锵的声音，苏青的文字在当时走红，也就不难解释了。

对于詹周氏杀夫这个案子，社会舆论无非众口一词——杀夫者该杀！当苏青的稿子《为杀夫者辩》交到记者手中时，摆在《杂志》编辑面前的难题是，该不该刊登呢？放眼望去，除了杀夫者的辩护律师必须为其辩护外，唯有苏青胆大包天，竟为犯人"叫屈喊冤"。苏青是想博得读者眼球，或显示自己与众不同，又或脑子突然卡住了？众人对此多有揣测，而知道苏青文风的人，也就不觉得奇怪了。

幼时父母双亡的孤女杜被周家收养，十七岁时许配与詹云影，结婚后才知这位男子不成器，成天晃荡在市井中，不务正业，也不养家糊口。某日詹周氏提出变卖一些家具做点小生意，结果遭到反对，甚至无端唾骂。这事在平时，或许詹周氏忍气吞声一晚便过去了，但经历了长时间压抑和抑郁的她，在此刻完全失去理智，提起菜刀对准睡觉中的丈夫颈部砍了下去，直到砍死，怕被发现，分尸藏于皮箱中，最终让邻居识破。整个案件清晰、简单，起因、结果一目了然，不过，小报在血淋淋的背后看见了商机，不断挖掘、甚至编造故事，让曲折剧情充满看点和爆点，赚足了银子。

《杂志》也凑上一把，当然刊物不能走小报"乱编一气"的路线，他们约稿的作家具备一定的知名度，在公众视野中，能凝聚焦点，引出关注点，从而达到好卖点。苏青的《为杀夫者辩》，确实"奇葩一朵"，《杂志》在慎重考虑后，或许觉得其剑走偏锋，观点新颖，有可圈可点之处，最后刊用。

苏青是怎么说的呢？

她道："于是当地大小报章便热闹起来，有的标题为《酱园弄血案》，有的称为《箱尸案》，最普遍的则是叫做《谋杀亲夫》。我以为夫则夫耳，有什么亲呀不亲的……老老实实说来应叫做'杀夫案'，什么血啦，箱尸啦，不免太像侦探小说口吻，而'谋杀亲夫'云云则又是十足封建味的。"

她又道："有一家小报说是贺大麻皮'生有异惠'，果然当天该报就多销了数千份。又有一家小报说是贺大麻皮甚不中用……于是读者又万分感到兴味，那张小报的价目当即发生黑市。"

苏青《为杀夫者辩》，不如说是为社会风气辩论，一件普通的刑事案件，因为有了媒体的介入炒作，有了低级庸俗的阅读群体，有了发酵的空间和土壤，一切都顺理成章起来，让事件背负了过多的舆论焦点，让有心编排者赚得盆丰钵满，让人性的弱点曝光于大庭广众之下，这些人难道不是和杀夫者一般，有精神疾病吗？

一针见血，这就是苏青的手腕和风格！

# 第六章　我看苏青

老实说，历史家常是最势利的，批评女人的是非曲直总跟美貌而走。一个漂亮的女人做了人家小老婆，便觉得独宿就该可怜，如冯小奇般，双栖便该祝福，若柳如是然，全不问这两家大老婆的喜怒哀乐如何。但假如这家的大老婆生得美丽，而小老婆比不上她的话，则怜悯或祝福又该移到她们身上去了，难道不漂亮的女人薄命都活该，惟有红颜薄命，才值得一说再说，大书特书吗？

——苏青

"横看成岭侧成峰，远近高低各不同。不识庐山真面目，只缘身在此山中。"北宋文学家苏轼一首《题西林壁》，朗朗上口，禅意蕴藉，很受追捧。诗文揭示一个哲理：不同的角度，不同的地点，不同的时间，不同的心态、不同的看者，看待同样的事物，却因感受不一，产生的认识就大相径庭了。

现代作家王安忆说："她比张爱玲更迟到一些，有些被张爱玲带出来的意思。她不来则已，一来便很惊人，她是那么活生生的，被掩埋这么多年几乎不可能。她不像张爱玲，张爱玲与

我们隔膜似乎能够理解，她是为文学史准备的，她的回来是对
文学负责。"她是谁？为何说她是为"文学史"准备的，是回来
对"文学"负责的，这种热切褒奖和高度赞扬，是诚恳而自然
的，是主观、个性、不加掩饰的。王安忆说她"似曾相识燕归
来""夹着些脂粉气，又夹着油酱气的"，说她"是在我们对这
城市的追忆时刻再次登场的，她是怀旧中的那个旧人"。着一身
精致的滚边的别了小胸针的绛紫旗袍，从烟云浮华、喧嚣芜杂
的背景中走了下来，精神而神气着的模样。

在这城市的某个巷口、某一隅，冷不丁会看见有一个人
"去剪衣料，买皮鞋，看牙齿，跑美容院，忙忙碌碌，热热闹
闹"。王安忆说《寻找苏青》，"从故纸堆里去寻找苏青。说是
只隔了五十年，只因为这五十年的风云跌宕，有着惊人的变故
……即便从旧照片上，看见一个眼熟的街角，连那悬铃木，都
是今天这一棵，你依然想不出那时的人和事，苏青在眼前再活
跃，也是褪色的黑白片里的人物"。但是，"倘若能看清苏青，
大约便可认识上海的女性市民"。苏青即是上海女子栩栩如生的
写照，转瞬半世纪，那个夹杂着宁波口音，怀揣着乡土情怀，
饱含着大上海心的女子依旧如故，或现实中比比皆是，只是苏
青多了些文艺范，多了一支锐笔。

王安忆说苏青，免不了谈及张爱玲，这是无法回避的话题，
她们被誉为"上海双璧"，同为海派代表作家，同时期耀眼在上
海文坛，又是人所周知的"闺蜜"，其生活与事业重叠交错的故
事，衍生枝繁叶茂，纷纭众说。

"张爱玲也看得穿，张爱玲看穿了的底下是'死生契阔'，
茫然之中却冉冉而起一些诗意，是人的无措无奈因而便无可无

为的悲和喜，是低伏了人仰视天地的伟岸而起的悲和喜，是有些悲极而喜的意思。"王安忆眼中的张爱玲，总是隔了那么一层"捅不破"，触手可及，却又镜花水月，一切幻象遥远而极近，形似清涧水流，无法方圆中定格，这便是张爱玲。

相对于张爱玲的玲珑通透，苏青为人处世现实接地气。王安忆看苏青和张爱玲，是女性视角审视女人，是女作家心理欣赏同路人，是当下人探究民国风，始终隔着山重水复的时光距离，难免萍踪追影，雾里看花。

1945 年 4 月 1 日，《天地》第十九期上刊登了张爱玲的《我看苏青》一文，这篇文章至今被人津津乐道，文中包含了些什么信息呢？

张爱玲说："苏青与我，不是像一般人所想的那样密切的朋友，我们其实很少见面。也不是像有些人可以想象到的，互相敌视着。同行相妒，似乎是不可避免的，何况都是女人——所有的女人都是同行。"这样的开篇着实有意思，先是释疑两人并非"亲密无间"，再是解惑同行女人的"距离"问题，看似不痛不痒，简简单单却暗含着许多讯息。所谓的"闺蜜"情，许是旁观者和后来人欲加的，在张爱玲眼中，苏青与她的关系"复杂"，唯有她与炎樱是赤诚相对的。

不过，张爱玲说得倒是事实，苏青与她之间确实存在诸多纠葛与牵扯。

苏青是张爱玲与胡兰成的"媒人"。因为苏青邮寄的一本杂志，胡兰成在书中认识了张爱玲，并千方百计的从苏青那儿得到了张爱玲的地址，从此演绎了一桩"倾城之恋"。

苏青与胡兰成有着忽暗忽明的"友谊"。苏青先于张爱玲认识胡兰成，他们之前或曾有过猜测不透的情愫或情感。当然，至今也没有文字印证，也让这件事更加扑朔迷离，无法真正盖棺定论。

张爱玲是苏青《天地》杂志的忠实支持者，是驻守最长、发表文章最多的作家。胡兰成也有几篇作品刊于《天地》上。同时，苏青与张爱玲皆为四十年代上海滩红极一时的女性作家，她们"双璧辉映"，引领了海派文学新高度。

一起出席对话节目，一起逛街购物休闲美容，一起在刊物上同题同乐……

其实她们之间有许多的往来交集和情感交织，那么，张爱玲为何解释说她们不是大家想象的那样亲密，不是经常见面呢？

心性淡薄、心气极高、心思缜密，这样的张爱玲，朋友机缘是极少的。当然，一旦认定了朋友感情，她也是不离不弃的，比如与炎樱便是如此。不过，张爱玲能勤耕执笔于《天地》，并能洋洋洒洒畅谈心中的苏青，这说明她对苏青是存着真挚情谊的，是一种不自觉的真正理解和惺惺相惜。苏青不易，她知道；苏青性格，她懂得；苏青渴望，她明白；苏青那些心路和情感经历，她也看得真真的，悟得切切的。

她说："苏青最好的时候能够做到一种'天涯若比邻'的广大亲切，唤醒了古往今来无所不在的妻性母性的回忆，个个人都熟悉，而容易忽略的，实在是伟大的。她就是'女人'，'女人'就是她。"

她还说："她与她丈夫之间，起初或者有负气，到得离婚的一步，却是心平气和，把事情看得非常明白简单。她丈夫并不坏，不过就是个少爷。如果能够一辈子在家里做少爷少奶奶，他们的关系是可以维持下去的。然而背后社会制度的崩坏，暴露了他的不负责。他不能养家，他的自尊心又限制了她职业上的发展。"

张爱玲总能一针见血的看透到事物的本质中去，苏青与丈夫李钦后，他们婚姻背后的脆弱，李钦后的性格特征，这段婚姻失败的问题症结等。最终，由张爱玲为他们做了总结定位，非常理性，恰如其分。

苏青常常是忙碌的，打理出版社，交际社会人，惦记家里人，守好自己心，她能闲下来的时候极少。"她难得有这样的静静立着，端详她自己的时候，虽然微笑着，因为从来没这么安静，一静下来就像有一种悲哀，那紧凑明倩的眉眼里有一种横了心的锋棱，使我想到'乱世佳人'。"从张爱玲笔下跳出来的字眼，苍白而冷峻，近距离地端详苏青，那么婷婷而立的一抹青色，怪惹人心疼。

"有一次我同炎樱说到苏青，炎樱说：'我想她最大的吸引力是：男人总觉得他们不欠她什么，同她在一起很开心。'"这或许就是苏青的悲哀了。男人看她是女汉子，女人看她为强女子，他们与她一起，感受自由，感受温暖，感受理解，因为苏青承担、包容、宽厚，朋友们理所应当接纳苏青的好，苏青的情，苏青的爱，不必更多地考虑为这女子做些什么，好似是她不需要，或者她什么事都能办到。

"如果必须把女作者特别分作一栏来评论的话，那么，把我同冰心、白薇她们来比较，我实在不能引以为荣，只有和苏青相提并论我是甘心情愿的。"这句话成为了张爱玲对苏青评价的经典语言，也是她们友谊的共同见证，即使有人质疑太过自我，太过夸耀，不过以张爱玲的个性和笔调来看，实属正常不过，随心而论，自是坦然的。

张爱玲的《我看苏青》，在字里行间或只字片语里，总是游走着一种不经意的居高临下气息。她说"我认为《结婚十年》比《浣锦集》要差一点"。说"即使在她的写作里，她也没有过人的理性。她的理性不过是常识——虽然常识也正是难得的东西"。还说"然而我把这些话来对苏青说，我可以想象到她的玩世的，世故的眼睛微笑望着我，一面听，一面想：'简直不知道你在说什么！大概是艺术吧?'一看见她那样的眼色，我就说不下去，笑了"等，透过这些语气和言论，张爱玲对苏青的认知角度，有种无意识的审视感觉。

张爱玲看苏青，看到职业女性奔忙中的憔悴一面，而身为张爱玲丈夫的胡兰成却看到了苏青姣好的面容，这仿佛暗示着些什么？

胡兰成说："她长的模样也是同样地结实利落，顶真的鼻子，鼻子是鼻子，嘴是嘴；无可批评的鹅蛋脸，俊眼修眉，有一种男孩的俊俏……倒是在看书写字的时候，在没有罩子的台灯的生冷的光里，侧面暗着一半，她的美得到一种新的圆熟与完成，是那样的幽沉的热闹，有如守岁烛旁天竹子的红珠。"这样不留余地地夸赞老婆的"闺蜜"，不知道张爱玲会心生醋意不？不过，胡兰成这段描摹情景确实美极了，不管是男人女人，或都愿意尾随着他的目光，在泛晕的灯光下，轻轻地凝视埋头写作的苏青，知性而温暖，静怡而安然，那么的美好。

这种娴熟地勾勒和写真，如果不是近距离，如果不是亲密间，如果不是常相望，怎能道出"一世安稳，岁月静好"的感觉呢。只不过，无论是在现实生活中还是在文学作品里，女子温柔静静地凝视男人，而男人默默地伏案灯下，才符合剧情的发展和情景的规律，似乎角色倒置了。

从不同的角度切入，以不同的身份相望，便产生了不同形象的苏青，哪一面才是真实的她呢？其实，每个人心中的苏青都是那个她，从不曾改变，也不曾淡忘。

张爱玲四十年代看苏青，王安忆九十年代寻苏青，真正体现了时间不是距离，久远不是问题，看人看事看物，无非一个"心"字、"诚"字、"真"字罢了。

当然，也有人看苏青，心得大不同。那便是苏青曾经的邻居，熟友徐訏了。

他说："苏青所写的则也只限于一点散文，以俏皮活泼的笔调写人间肤浅的表象，其成就自然更差。"苏青是更差了，那么，比苏青好一点点的这个作家是谁呢？

"我于抗战胜利后回到上海时，很想看看敌伪时期占领区的文艺，文艺的表现不外是生活的生命的或是社会的时代的，无论是歌颂诅咒或讽刺……我只看到一些散文，而也是些零星的萎弱的作品……有人介绍我两个在当时见红的女作家的作品，一个是张爱玲，一个是苏青。"原来，那一个比苏青稍强的女作家便是张爱玲了。徐訏说他"只看了一些散文"，而且是朋友推荐看的。那么，他以什么标准定论苏青和张爱玲的写作水平呢？两位女作家成名恰巧都是小说，以散文对她们盖棺定论，确有断章取义之嫌，实为欠妥。

苏青曾是徐訏的邻居，他们亦是同乡，苏青还准备在《天地》上发表一篇文章《记徐訏》的（不知何故，并未上刊），如此看来，他们应该是彼此了解的，有较多交集的，但是为何徐訏在文中却表达出不屑一顾的看法呢？这在前面是有交代的，原来，徐訏的前妻丽英，后来成为了苏青丈夫李钦后的情人，这种难言的尴尬，唯有当事人清楚明了，提到苏青，徐訏就来了气也不是不可能的。

而最终，有人将徐訏、张爱玲、苏青归于四十年代海派作家的代表人物中，这或是徐訏不曾想到的吧。

# 第七章　掩卷·身不由己

这季节的庭院，旁斜的幽趣，从隔壁的墙垛上探过来。

它是翡翠绿的，不似榕叶儿轻纵的经脉，细细的、尖尖的伸向青黄的边缘。

到底是初冬了。

鸟儿的鸣叫，从早落在枕边就不得消停。那西窗上偶尔有风来，有三三两两路过的清影，没有人望向窗外，窗外一阵阵扑哧声。四野在逃窜，然后，微亮的世界俯下身来，悲悯又开始鸟瞰了。

自由吧！

枝枝蔓蔓的，它始终属于苍绿，属于依附而生却又不肯屈首的绿萝。

它纠缠墙垣，墙垣下汪汪的一潭深幽，它打了鸠占鹊巢的小心思。

然而，落叶寻根，片云归洞，日暮西山……

洪荒无非一泻而下，日子总是不管不顾，时光原本不堪回首。

曦晖隐了，涧水凉了，岁月走了。

冬天还在。

春天，远吗？

# 第六篇
## 开到荼蘼

生命，一次又一次轻薄过

轻狂不知疲倦

——泰戈尔

# 第一章　大江东去

其实我的境遇也同你差不了许多。我们都像一株野草似的，不知怎样地茁出芽，渐渐成长，又不知怎样地被人连根拔起来，扔在一边，以后就只有行人的偶一回顾或践踏了。但是，近年来我渐渐悟到了一个道理，即愈是怜惜自己，愈会使自己痛苦，倒不如索性任凭摧残，折磨而使得自己迅速地枯萎下去，终至于消灭，也就算是完结这人生旅行了。

——苏青

知世故而不世故，才是最善良的成熟。

人与人，人与人群，人群与人群，关关联联的情势延绵，即使再错综复杂，彼此走向对方时，路径也是通达的，人心也是圆润的，情感也是交融的，是不断向未来索求饱满、圆熟的。

于是，担起难料世事，肩挑雪雨风霜，承载人生起伏，便成为生命的必然和宿命。

于是，世间自然属性，社会犬牙交错，人性棱角分明，它们构建了琉璃斑斓的赤橙青蓝紫，色泽万物，蓬勃生机。

于是，不得不向每一份因子垂询内核的本真，它何时走失，何时归来，又何时褪去青涩和坚壳，甚至撕下那些伪装的保护。

于是，世故孕育而生，充盈在世界的每一个角落、每一次交往中。该以什么样的心态和姿态接纳它，面对它，告诉它。当瓜熟蒂落时，便是生命最完美、包容、善良的成熟呢。

当横生枝节，一切行进戛然而止时，又该何去何从？

比如说苏青的《天地》杂志难以为继了。

抗日战争的最后阶段，上海时局混乱不堪，安全和生存都顾不上的人众，哪有热情坦然欣赏《天地》文学呢？与此同时，战争造成的物资匮乏大大增加了投资成本，那些曾经活跃于《天地》的名家大家也骤然隐去，各种压力下，期刊滞销就既成事实了。而天地出版社和《天地》杂志出路在哪儿，苏青面临着艰难的思考和抉择。

当初，苏青开办出版社及杂志，依托的是天时地利人和，启动资金有人送，紧俏配纸有人给，文章作品有人投，期刊出版有人销，可谓顺风顺水，一派红红火火的繁荣景象。《天地》运营前十期，盛世空前，时有脱销。而苏青于1944年将自己在《风雨谈》杂志上连载的《结婚十年》集结出版，半年内再版达九次，到了1948年年底，竟然已有十八版之多，热潮此起彼伏，掀起一阵"海"风涟漪，这也奠定了苏青被封为海派文学领军人物的基石。同时，苏青还将创作的大量散文、小说作品集结，出版了《浣锦集》《涛》《饮食男女》《逝水集》等。这些骄人成绩的取得，不但能赚钱养家，也实现了自我价值，因此，苏青是全力以赴在奔跑，在打拼。

她累，但她坚韧！

因此，她必须说，不吐不快。1944年11月，苏青在《大众》第19期上发表了《做编辑的滋味》，诉说着心中的苦闷和郁结，但谁能了解和理解呢？

　　做作者难，做编辑难，做出版人难，做老板是难上加难啊！何况苏青演绎着几重角色，有时甚至要参与设计、发行、运送等普通工作，"铁人"也不过如此了。

　　《天地》惨淡经营，苏青不得不想法子广开门路，意图扭转颓势，她准备再办一个期刊《小天地》。然而，这种率性而为的转向、转移，让人难免对苏青的考虑产生质疑，她是否认真、缜密地研究过市场和现状，既然基础扎实的《天地》已然走向衰颓，其真正的原因何在？

　　或许，战争局势、政治局势、社会局势影响的人心走向才是刊物每况愈下的关键点吧。这就意味着，市场的退化与杂志本身关系不太大，要给予维持，营造大众看点，启发读者热点。而最坏的打算便是"关门大吉"，等待机遇再次来临。最终，苏青选择了一种极不妥的办法，1944年8月，她兴办了新刊物《小天地》，主要刊登一些精炼、短小、轻松、趣味的文字，它小到只有小三十二开那么大，想与《天地》形成姊妹对，加强连横合纵，但，有用吗？

　　最终事实证明，这样只可能衰败得更快。1945年6月1日，第二十一期《天地》杂志出刊，这也是最后一期《天地》杂志，它的猝然中断，连对读者说声再见也没来得及，就停刊了。之前苏青还预告了下期作品有《红楼一角》《恋爱的况味》等文章，她的长篇连载《朦胧月》发表两期后也戛然中止。《小天地》也在出刊几期后自然消亡，没人记得它的来去、消长。

　　天地出版社和《天地》杂志社挂牌于爱多亚路一六零号六零一室，地处租界。后改为大上海路，今是延安东路。1945年2月，摇摇欲坠的天地出版社迁址到了上海拉都路三八八弄九号，离《天地》的扼腕关闭仅距 4 个月。其后，苏青还将自己家做过出版社社址，当然，那时"天地"已去。

时隔两年的 1947 年 4 月，迫于经济压力和生活困难，苏青重新点燃了开办出版社的热情，她用自己的字号"允庄"登记注册了四海出版社，次年 11 月 11 日又注册了天地书店，有点产销合一的经营理念。苏青将自己曾经出版过的书再版，将前期撰写没出版过的新版，采取自产自销的服务体系，减少成本，节约开支，以书养书，以书赚钱，以书养家，以维持老人、孩子，甚至前夫的安稳日子。苏青一身包袱，酸楚难言，无法诉说，无法倾吐，更无法将责任推卸给他人，唯有前行，独自上路。她将生命的伤痕静静地掩埋在时光长河中，等待消褪，烟消云散。

在四海出版社创办期间，苏青新出版了《续结婚十年》，她在序言《关于我》中说："关于我的一切，其实是无须向人申诉的，不过我有一种心直口快的坏脾气，话在胸中淤塞得长久了，不吐不快，想想还是趁着这次印新书的机会，把它原原本本地说一番吧。"

不得不说，不得不提，不得不解释了。这是一种心理需要，一种自我辩驳，一种在政治压力前吐露心声的最佳方式和途径。关于大众想窥探的，想知道的，想明白的一切，苏青一下子敞开闸门，吐了一个畅快淋漓，其实质不过是聊以安慰压抑、憋屈的苦闷和心思。

她道："据说艺术家之类是应该'爱惜羽毛'的，但我实实在在却只求果腹，换句话说便是'吃饭第一'，试问身先不存，毛将焉附？这也是古人曾经说过，不是我自己杜撰出来的。"安身立命的第一要务，得有一个身体，能自我管好饥饱的身体，健康的身体。

苏青说我要生活，要养育孩子、老人，我要靠双手自食其力，错了吗？

不过，当她在 1944 年 11 月任汪伪"中日文化协会"秘书的时候，不知想没想过，尽管这个职务只是挂职拿薪水，但是，其组织的性质，一经牵扯，就染上了一层生生世世也无法抹去的不光彩，让人唾弃和诟病，这是不容辩驳的。

当然，在《关于我》中，苏青谈到了许多详实而具体的问题和想法。

她说："其间也有许多小册子对我作个人的攻击，加上连环图画，绘得恶形恶状的。千篇一律的话大概是讲到私生活之类，例如与某某有关系啦，借什么敲一笔大竹杠啦，以后又广蓄面首啦……把一个艰苦写作的文女人当作放荡不堪的妖妇来描写，在我简直是梦想不到的事……记得一本'前进妇女'里索性老实不客气的称我为'文妓'，主张国府'严惩'……"

作为热门的话题名人，据说现在有专门的公关团队为其服务，有的是将某些不利的传闻清理了或降低传播热度，有些名人竟然想方设法制造舆论话题，以提高知名度和保鲜度。

苏青在上海滩不需要制作话题，有永远的是非话题跟着她，如影随形的结果是，她愈红，炒作越厉害，她一开口，舆论更加猛烈，但是从没见她真正妥协过，退却过。苏青是"铁人"，有"铁腕"，更有"铁肺"，她将一种"没心没肺"的问题处理方式正确地用在了疑难杂症中，坦然面对，该说就说，余下的读者去斟酌、理解，其他的无关于她了。

她在《关于我》中最后表白道："三四年来，我是一向自食其力的职业女性。我也可能用不正当的手段换得较好的物质享受，然而我没有这样做过，因为自尊心及尊重别人的心。""今天是旧历元旦，家里冷清清的，没有一个人上门……可惜的是我连这些爆竹费都仍'小气'而舍不得花费，闷在阴冷的房里，我只好翻翻旧报，发觉里面所提起的'苏青'恐怕绝对不会是我，而是另外有这么一个很不堪的，然而实际生活却是比我可羡慕得多的女人！"

陷在舆论漩涡中的苏青，坐在清冷房间里的苏青，那个操着宁波腔行走在出版路途上的苏青，那个不低下自我头颅却又不得不委曲求全于现实的苏青，哪一个才是真正的苏青，几十年众说纷纭，依旧难以定论啊！

# 第二章　人间万象

花的娇艳是片刻的，蝶的贪恋也不过片刻，春天来了匆匆间还要归去，转瞬便是烈日当空，焦灼得你够受，于是你便要度过落寞的秋，心灰意冷地，直等到严冬来给你结束生命。世间上没有永远的春天，也没有长久的梦。

——苏青

苏青在《续结婚十年》中说："戚先生的手尽抖着，似乎有什么病，饭是仅有一些些，他吃完了便索饮冰水，我不禁抬眼瞧了他一下。他微笑道：'不要紧的，我的胸口有些闷。'又问：'我还有什么可以帮忙你的吗？譬如说经济方面……'我听了心中很难过，他以为天下都是势利者，不是借钱便不肯来的吗？戚太太以为我不好意思开口，便说：'你要什么我们都肯答应的，现在算是患难朋友了。今天我们还算比你富有些，将来也许要请你帮助我们呢。'我知道她也根本误会了，只觉得其言甚凄惨，听着几乎使我落掉泪来。"

"'快近黄昏了啊！'他感慨地说。"这位戚先生，现实中便是汪伪政权的大汉奸周佛海，戚太太则是周佛海的妻子杨淑慧。

这是抗日战争胜利后的某一天，上海的某栋公寓，门口筑起了小堡垒，很是森严，苏怀青好不容易说明来意，得到许可后，进门探望昔日的朋友。朋友此刻已然失势，同时也失去了人身自由，这种情形下，多少人避之还来不及呢，可是，小说中的苏怀青却没有顾忌这些，依然以朋友的身份前往看望，倒是出乎主人戚先生和戚太太的意料之外。

他们原本想是怀青在现实中遇到了困难，前来求助于他们，便不自觉地关心起来，说是经济方面的问题，可以帮到一二。当怀青听到这样的话语后，一时间心有戚戚，黯然伤悲起来，几乎落泪了。

难道以前的朋友，来探望他们的极少，难道朋友间的友谊只有利益的驱动，或者最终选择了明哲保身。对于怀青的突然造访，他们除了心有感动，难免会揣度来访的真实意图，这是符合人之常情的，一种自然的关怀之意，本是很简单的想法，但于怀青理解来，多了些五味杂陈的感慨。

苏怀青对戚先生和戚太太的这份友情，何尝不是苏青对周佛海和杨淑慧的情谊表达呢。周佛海是大汉奸，在政治上，苏青与他们没有半点瓜葛，但论到私人感情，杨淑慧对苏青照拂相当多，这是不争的事实。苏青记情，别人给予的点点滴滴她都会铭记于心，想来无以为报，如果探望算是一种情意的表达。那么，苏青这种行为是令人钦佩的，此时与汉奸还有来往，界限不清，是相当涉险的，留下被人说事的话柄，不是明智之举，但到底苏青是做了。

苏青的《续结婚十年》出版后，第一时间给杨淑慧送去。那时，恰逢蒋介石对周佛海颁布特赦令。杨淑慧收到书后自是感慨万千，当即回信道：

　　和仪贤姊惠鉴：

　　　　睽离二载，世事沧桑，可胜感叹。顷接华翰，殷勤慰
　　藉，隆情高谊，感何可言！外子事幸蒙国恩，谅于报章早
　　已得悉，必与妹同庆也。《续结婚十年》妹已拜读，字里行
　　间可知吾姊年来应付难矣，妹本拟返沪一行，奈沪地无家
　　可归，京地又须每日送守饭，故迟迟又迟迟矣。吾姊有假
　　可否来京一转？斗室虽小尚可下榻。纸短情长，容当面诉。
　　　　此复。
　　　　敬叩
　　　　著安。

　　　　　　　　　　　　　　　　　　　　妹杨淑慧
　　　　　　　　　　　　　　　　　　　　5 月 26 日

　　这封杨淑慧的来信，苏青一直保存到 20 世纪 50 年代被公安
局抄家时。为何苏青选择了收存这封极可能惹麻烦的信件，答
案不得而知，但是从中能体会到苏青很重视这封信，重视它的
存在，重视在这漫长的岁月中，有一种温暖叫友谊，值得且行
且珍惜！

　　之后，杨淑慧又将书带到了狱中，带给周佛海阅读。当周
佛海看完《续结婚十年》后，情感澎湃中在日记里写道：

　　　　女作家苏青，胜利后迭遭攻击，顷承赠新著，作诗二
　　首谢之：

> 新书苏赠意殷勤，妙笔生花思绝群。
> 冷暖不因寒暑异，时宜未合独怜君。
>
> 凄凉身世类秋蓬，历尽艰辛感慨同。
> 乱后是非浑莫定，漫将惠誉付东风。

"一切一切的人们，从此我就再也没有遇见的机会了。"

当《续结婚十年》中怀青走出戚先生家，她知道，这次分别意味着不再重逢，刹那之后便是永恒的离别。就像她与鲁思纯和潘子美，他们一场心痛的告别，一直穿刺在怀青心灵深处，难以回首。

鲁思纯和潘子美是小说《续结婚十年》中的人物，是主人翁怀青成长中最重要的两位导师。鲁思纯发现了怀青的才情，引导她成为优秀的作家、出版人。潘子美一路提携怀青，在他的引荐和帮助下，怀青认识了许多出版界业内人士，认识了金总理和戚先生等政要和权贵。

苏怀青与他们，既有师生情谊，又有朋友之情，更是同行相伴，这份相遇相知相惜的知遇之恩，怀青自是分外珍惜。但是，这一切的一切，都随着时局政局的变化转瞬成烟云了。

苏青写《续结婚十年·惊心动魄的一幕》，讲述了这些故事的前因后果，文中的心声袒露，是怀青对鲁思纯和潘子美歉疚的表白，不也是现实中苏青对陶亢德和柳雨生的救赎之意吗？

不管是小说中还是现实里，这两人都与汪伪政权走得极近，关联颇多，被列为"文化汉奸"，因此，抗日战争后肃清汪伪政权党羽时，他们即上了名单，成为抓捕的对象。但抓捕归抓捕，那是当权政府的事情，怎么又和苏青挂上关系呢？

《惊心动魄的一幕》中有这么一段对话描写："因为他们的家里都没有电话，我们不知道他们此刻究竟在家不，现在我想请你与我们这里的人同去，到了他们家，你先上去找他们，假使不在家，你便什么也不要提起；假使他们在家，你便叫他们走下楼来说一句话，以后就没有你的事了。"怀青斩钉截铁答道："我不能够这样做。""因为我不愿意出卖朋友。""就算不是朋友吧，我也不能这样做，因为如此一来我以后便再也没有面孔出去见人了。"原来，当权者抓捕鲁思纯和潘子美，希望怀青做诱饵，以利于逮捕工作的顺利完成，于是对怀青展开劝导攻势，却遭到怀青断然拒绝。

怀青心里可以不配合，但是行动中由不得她做主便被押上了车，她在车上一幕幕地看着恩师和朋友被带离家中，那种伤切的心情，是不能用言语来表达和倾吐的。他们之于怀青，有多年的帮助和照顾情谊，不求利益，不求回报，不求拥有，确实难能可贵。更无关政治，因此，怀青只会记得他们的好，记住他们的情，记起他们无私的给予。

这一段故事旁生枝节，是怀青万万没有想到的，让她背上了沉重的心理负担，压抑而悲哀，伤痛且难过，不时地处在惶恐中。作为与汪伪政权要员有过密切接触的人员，怀青一直担心着，害怕着，忐忑不安。当然，这是苏青书中的怀青心理，现实中的苏青，是不是和怀青感同身受呢？

肯定是！

当然政府最终没有认定苏青有汉奸罪行，但是铺天盖地的舆论却将她淹没在唾沫星子中，报纸杂志上作文作画谩骂、诋毁、隐射、笑话她的，以及与她撇清朋友关系的，在这种情况下，苏青再一次深陷"漩涡门"。有句俗话说得好，"人怕出名猪怕壮"，时隔五六十年后，再去看苏青那时红透上海半边天，既是好事，也是一种无奈的伤悲吧。

苏青说："我在上海沦陷期间卖过文，但那是我不得已耳……我以为我的问题不在卖文不卖文，而在于所卖的文是否危害国家。正如米商也卖过米，黄包车夫也拉过任何客人一般，假如国家不否认在沦陷区的人民尚有苟延残喘的权利，我就如此苟延残喘下来了。"这种辩解，苏青也是无奈之举了。不发声，她憋屈，发了声，谁听她的呢？

历史的车轮，碾碎时光褶皱成远方，不管如何，一切朝着前方看，望着曙光前行，那便是光明了。

# 第三章　阑珊却步

我相信人类也与其他动物一样，乃是有着求生进死，求乐讲普的天然欲望的。这正如功利派请人所说，幸福乃吾人之唯一要求，而道德无非是致幸福的工具而已。假如此道德致得后反要使我们失去生命或幸福，则此道德必非真正道德，理合从速舍夫为上。

——苏青

现在有一种写作者，呼曰"枪手"。枪手已然成为一种隐形职业，专门为需求者提供书稿撰写，按照要求者的资料、图片、意图等产出作品，这种"私人订制"的文字，一旦出版或发表，枪手一般没有署名权，更不能说是自己写的，这是一种行规和履约。

有人想请苏青做枪手呢。

她道："先是有一位小领袖来对我说：要我代她写一篇文章，是恭维妇女界大领袖的。'现在且不必说明'她谨慎从事的说，'渐渐的时机成熟，我就替你吹嘘，把你的名字告诉她。她可是一个了不起的人，她的……她的好朋友是党政要人，你若能得到她的支援，便一切不成问题的了。'"

吹捧政要，苏青当年确实干过，为了能找到工作，她专门为陈公博写了一篇赞美的文章，作品署名苏青。可现下这位找苏青写文章恭维妇女界大领导的小领导，居然让苏青放弃署名权，这还不是最重要的，令苏青气恼的是小领导说找机会，一定在大领导面前吹嘘一下苏青。她还说："'她现在很忙，请她写文章的人很多'……可惜忙不过来。假如你能够代她写一些东西，署名用她的，稿费全给你，她也许渐渐的能够谅解你。"

苏青何须让人谅解她？况且她们与苏青八竿子打不到一处，大不了是拿捏住苏青与汪伪政权走得近，有一定政治"硬伤"。但是以苏青直肠子的脾气，她会为此就范？

当然不能。就算是报刊杂志上那么激烈的舆论攻势，那么中伤的流言蜚语，苏青也没轻易低下头，这又算什么。当即，苏青回绝了小领导的"好意"。得罪大领导成必然了。

苏青说："后来据说那个妇女界大领袖对我的印象很不好，动不动就向别人说：'苏青的文章是谁代写的，苏青的朋友是不是……'"真有人替苏青捉笔，苏青想来也没那么累了。当然，枪手不是人人都能做的，需要才华、文笔、个性、甚至知名度。

枪手的事情了了。正处于经济危机的苏青该如何办？曾想过洗手不写了，但是回家看着幼小的孩子，苏青想不出自己除了以文字养家，还能做什么职业。

也有慧眼的人抛出橄榄枝，真诚地邀请苏青加盟某大报刊，但是前提条件是必须换用笔名。这对于苏青来说，既能谋得职业，又能以新面孔重新来过，不是一举两得的好事吗？

不过，苏青仍然拒绝了。她这样描述自己心理的：

"以后又有某大报的主持人来约我喝过几次咖啡……他期期

艾艾地说：'好在你们文学家最多笔名，换个把新的也是不在乎的吧。'我觉得换笔名便是'心虚'的表现，以后或许愿意换，从前我也常换的，而在此时此地却偏偏换不得，事情就此告吹了。"

看来苏青还是非常看得清的，其实用一个笔名不算什么大事，但在不该用的时候用了，那便不是小事了。

大报刊邀请这事虽然"黄"了，但另外一家夜报正合了苏青意。他们叫苏青为新办报刊写文章，而苏青事先声明笔名不会改的，不料回话说："好极了，我们正好借大名号召了。"结果这次号召招来的是一串骂。报刊上峰只好出面与苏青商量，问她是否能将笔名换一下，却得到苏青的回答是："文章可以不写，笔名不可更换。"又一次无疾而终的短暂合作。最终，迫于生活无奈，有一阵子苏青不得不给小报撰稿，因为稿费高啊！看着那些曾经痛恨过的小报刊借助自己的名字，将自己的作品时而故意排错篡改时，苏青只能长吁长叹了：现实啊，生活啊，日子啊！

大报刊和新夜报不敢启用苏青做编辑或发表其文章，也是不得已。尽管苏青在业界的影响力很大，但是是非缠身的她何尝不是麻烦人呢。这家大报纸是指《和平日报》，"某大报的主持人"乃总编辑杨彦歧。而新出的夜报则是指《新夜报》，报刊上峰为任职董事长的潘公展。苏青在《关于我》中如数家珍地细述了这些情节，也是想通过文字还原一些真实的境况和境遇吧。将前前后后的因因果果立字于此，任凭他人评说去。

提起"苏青"这个笔名，也曾给苏青带来困惑，之前她是用过冯和仪这名字发表过文章的。在上海沦陷前三个月，因为要在汉奸办的《中华周刊》上发稿子，为掩人耳目，她才取了苏青的名字，倒不是因为后来认识了诸多汉奸，心虚而为的。

在抗日战争胜利到新中国成立期间，苏青形似一株飘摇的水草，逆生长在漩涡、洪流中，为了生活的养分，选择随波漫溯的同时，却又将自己的心始终扎根于生命的最柔软处，保持着倔强的姿态。不管如何艰难，她的创作，从来没有停歇过。1948 年 12 月出版了长篇小说《歧途佳人》，中篇小说《九重锦》在《新夜报》上连载，她以"鱼月"的笔名发表了几十篇散文，其中在香港《上海日报》上刊登了 32 篇之多，可谓笔耕丰硕。但是，经济的回报并未同步，香港《上海日报》的稿酬周转中不知落入何人囊中，实为憾事，无疑对靠稿费度日的苏青来说是雪上加霜了。

而在苏青创作生涯中最可喜又可惜的一件事，发生在 1947 年末，苏青将《结婚十年》和《续结婚十年》的影视改编版权给了永华影业公司。并此拟定签约了合同。其内容为：

永华影视公司甲

立合同人（以下简称方）

苏青（冯和仪）女士乙

为电影摄制权事宜议定条件如后：

一、乙方所著述之《结婚十年》及《续结婚十年》二书之电影摄制权售与甲方摄制电影一部或前后二集。

二、乙方应得电影摄制版权费（包括影片前后二集）国币叁仟万元正。由甲方一次付给（付款时乙方另给收据为凭）。

三、乙方自签约后完全承认上项著作之合法摄制电影权归属甲方，不得另与其他影片公司有同样或类似之接洽。

四、甲方改编后之剧本本应先行送与乙方过目，乙方
保留对改编剧本之建议权。

五、本合同自签约日起完全生效。

1947 年 11 月 18 日


遗憾的是，《结婚十年》和《续结婚十年》并未拍成电影。
原因不详，不过时局的影响和战争的纷乱导致拍摄流产的可能
性较大。这份协议连同杨淑慧那封信，同时在上世纪 50 年代被
公安人员从苏青的家中搜出，意外地得知了当年这个不被人知
的大好喜事。苏青还真能沉得住气保守这个签约秘密，确实难
得了。

# 第四章　晚风未落

真正的牺牲都是不得已的；所以我们不该赞美牺牲，而该赞美避免牺牲。

——苏青

一声惊雷响彻云霄，从黄浦江上冉冉而生的太阳，与北京天安门清晨的五星红旗一般灿艳艳，大街小巷流动着载歌载舞的人群，四野山峰缀枝着的新果和秋实，到处是激昂高亢的欢呼声，新中国解放啦！

翻开新一页，每个人重新抒写新篇章，未来的模样，苏青描摹了许多，放眼在美好的憧憬中。

新社会，新气象，一定要有新定位，向着浩浩荡荡的车来人往走去，苏青觉得自己该做些什么呢？

从来对社团不太"感冒"的苏青，在九三学社吴藻溪的介绍下，于1949年年底，加入了中国共产党组织的妇女团体"妇女生产促进会"，第一次参与社团组织和活动。这对于苏青来说，还是比较大胆的尝试，在芜杂的大上海，容易迷失自己。当然，这次再也不会了，苏青的眼力劲还是非常锐利的。

因为，组织或许会给她提供就业的机会，苏青心底盘算。

1951年，一则广告消息引起了苏青的注意，在《解放日报》上，刊登了公开招收"第一届戏曲编导学习班"学员的消息，主办方为上海市人民政府文化局戏曲改进处。百废待兴的新中国，为何建国初期就入手戏曲改革呢？丢下了枪杆子的革命人，拾起笔杆子，描摹新生活，这是非常行之有效的政策措施。经过八年抗日战争，三年国共大战，国家千疮百孔，老百姓何尝不是深受心灵创伤。而戏剧文化扎根于群众中，乡野中，城镇中，各行各业，各界各层，人们大多喜好于它。丰富群众的文化生活，这是最快最好的捷径了，于是，有了这样的人才招募实属正常。

"戏剧编导班"招收的条件其实放得很开，这也是一种策略。一些有演艺实践经验，但理论水平稍低；一些有戏剧创作基础，文化水平却不够；一些有才情有经验，年龄又偏大了；一些具备条件和素质，但又有一些政治"硬伤"，诸如此类的情况比比皆是。苏青很想去，她能顺利报名吗？

苏青对文字的驾驭能力是不容置疑的，但在她没有戏剧编剧经历的情况下，报名处会同意她参考吗？

"妇女生产促进会"推荐了苏青的报名，为了顺利入围，她不得不耍起小心眼，有意识地隐瞒了些真实情况，不料，却被当场"拆穿"。因为她报名时遇到了熟人，此人叫丁芝。不过这个小插曲并没影响苏青考试。接下来是三门基本科目的考试：一是写一篇剧评；二是论述文艺理论与戏剧常识；三是写篇唱词。

看到这样的考题，苏青傻眼了。唱词是什么，她不知道。理论和常识部分，她一知半解。唯有剧评，她倒是可以应付。

苏青在刚入职场时，柳雨生介绍的工作便是中华联合制片股份有限公司编剧，很短暂的一次工作经历。当时苏青很在意这份工作，因为急需养活自己和家人，她必须全力以赴做好这份职业，因此努力学习和研究编剧知识是肯定的，这样的积累便有助于这次考试了。另外，苏青在读书时，常常参与学校举行的元旦或新年等戏剧表演，算是对剧本的实践，多少有了些经验，而且当时苏青多是担任主角，演绎的对象从古代到现代，从中国到外国，从公主到小市民，从女人到男人，时间跨度大，空间转换大，角色转换多，无疑增加了经历优势。但是，这些都没怎么用上。

接下来考试中，苏青泄气了，唱词交了白卷，理论和常识勉强应付了一下，评剧倒是完成，可想而知分数会有多高。而考试录取比例为9：1，如果这样也能考上，真是不可思议了。

落榜才是正常的。《解放日报》放榜了，苏青名落孙山。

不料，一个周后，苏青接到了招生处一个通知，叫她去谈话，谈话的结果是她被破格录取了。

高兴之余，苏青该感谢的是丁芝，是她向组织汇报了苏青情况，才有了这一出情势反转。有人猜测这样的决定或许来自于当时的上海市文化局局长夏衍，以他对上海文艺分子的关怀，这样的破格之举无疑是有可能的。就像他对张爱玲的关心和安排，做得非常细致而温暖，只可惜张爱玲最终还是远走大洋彼岸，倒是辜负了他的一番苦心了。

一个饱受非议的女子，得到了组织的温暖和关心，苏青一下子来了劲头，报到那天下课后，她就开朗地去串门子了。

周良材著的《追忆苏青二三事》中有这样的记录：

记得在报到时，我印象中的苏青，身穿一套半新半旧的列宁装，一根腰带紧裹着那已经发福的身腰，嘴上含了一支翡翠绿的烟咀，上面点着长长的，冒着火花的卷烟。新来乍见，大家就发觉她我行我素，与众不同，个性十分突出。

学习班地点设在延安中路浦东大楼的8楼。开班的第一天，苏青就主动到我们男生宿舍串门，风风火火，快人快语。

她操着一口硬邦邦的宁波话"自报家门"：

"我叫冯允庄，就是写《结婚十年》的苏青，你们几位，谁读过我的书？"

我们这一帮小伙子，的确有不少是爱好小说、散文的，一听她就是40年代鼎鼎大名的女作家，极感兴趣，纷纷与她攀谈起来。她也显出"一见如故，相见恨晚"的热情，爽朗地谈及她的创作历史，坦率单纯，毫无城府可言。

这位苏青也真有意思，谈着谈着，又回自己的宿舍去了。不多会儿，她再度出现时，手里捧了一大堆《结婚十年》。我们人手一册，无一遗漏，皆大欢喜。

这一下可"炸"了，风声很快就传到班委领导耳根里。第二天，教务长召开全体大会，批评了这件事。那时候，还没有"无限上纲""阶级斗争新动向"这样的说法，只是强调"这是旧社会的作品，宣扬的是不健康思想，不能在班内散发泛滥"云云，并责令全部收回《结婚十年》。

领导似给苏青打了一顿"煞威棒"。

然而，苏青对此若无其事，依然谈笑风生，神色坦然，加上她随和热情，豪爽不羁的个性，与班上同学相处极好。特别是到了最后创作阶段，大伙酝酿题材时，苏青凭着深厚的文学根底，愉快地帮助同学出点子，定选题，制提纲，忙个不停。我记得她自己的创作剧目是《翡翠园》，但她去图书馆寻找的资料却是《王翠翘》《蓝娘》等等。非其他原因，助人为乐也！

苏青写自己，角度太过自我；上海沦陷时的人写苏青，"横看成岭侧成峰"，心态和心境等各种原因，不是面目不全就是面目全非。周良材写的《追忆苏青二三事》，贴近生活中的性情苏青，张扬而活泼，开朗且热情，他与苏青是戏曲班的同学，可以近距离接触，感知新环境下成长的苏青，脱离了心理束缚的苏青。她在这个只有 40 个人的班级里，在只有 4 个女生的情况下，在都是热情洋溢的年轻人中，焕发了青春蓬勃，不但收获了知识，更收获了一种积极向上的心态。

苏青在戏曲班的毕业作品是《兰娘》，这是她戏曲编剧生涯的处女作。

四个月的学习班生活还未结束，上海开展了"镇反"运动大逮捕，形势紧张，苏青不得已提前结束了学习，等待工作落实。还好，离开时，文化局的人告诉她以后就归文化局领导了，这算是一种分配告知，苏青肯定是欢喜的，有了单位，就有了保障，接下来的生活便不成问题了。

工作还没等来，苏青便收到了九三学社的通知，希望她参加土地改革工作，正无所事事的苏青起先是满口答应的，可不想临行前却推脱了，以什么理由没去的，如今不得而知。

最终，戏改协会推荐苏青去了上海合作越剧团试用。苏青便来了劲头，她把评剧《翡翠园》改编成《翠娘盗令》的剧本，努力的结果却因戏路问题被搁置。不久之后，剧团再次送她去第三届戏剧研究班学习，但最终的结果是剧团根本不愿意正式聘用苏青，只签约她为特约编剧，这样的结果，让原本对编剧工作充满信心的苏青产生了心理变化，负气之下离开了上海合作越剧团。

苏青抬眼刚望见曦晖，却又被乌云给遮蒙了。

乌云有时，太阳永恒。总会拨开云层看日出，这条路该如何走下去，苏青等待着黎明的再次来到。

# 第五章　红楼新梦

"你到底总还是孩子见识"，母亲轻声笑起来了，眼中发出得意的光芒。你以为社会是一下子便可以变得完完全全合理的吗？永远不会，我的孩子，也永远不能！假如我们能够人人共同信仰一个理想，父死子继，一代代做去，便多费些时光，总也有达到目的之一日。

——苏青

这世上，没有哪一件事不是在曲折行进中完成和圆满的。变数越多，经历越丰富，磨难越深刻，成就愈辉煌、愈灿烂、愈恒久。

当然，也有些流沙中的晶莹会被暂时掩埋、沉寂，但是，当浑圆的珠玉一经被拾起，便会光芒四射。

苏青，这位曾经创作过大量越剧作品的戏剧编剧，或许早已被戏剧界淡忘，甚至遗忘，但是，她作为越剧编剧的开拓者之一，应该让人记起，并了解她创作的情形。因为，她编剧的《宝玉与黛玉》，创造了全国巡演逾三百场的芳华越剧团记录。她创作的《屈原》，荣获了华东区戏曲观摩演出大会演员一等奖、优秀演出奖、音乐演出奖，这是从三十五个剧种一百五十八个剧目中脱颖而出的。遗憾的是，这部剧没能获得优秀剧本奖。

一场好的戏剧，肯定是以好的剧本为基础的，再牛的演员，再好的行头，再多的经费，要演绎一出完美的戏剧，没有好的剧本是不行的。其他奖项都收入囊中，恰恰是剧本没有。或许，苏青对于这样的结果，除了气恼外，还会自问："如果编剧不是我，能获奖吗？"

1954 年秋天，因为《屈原》的红火和得奖，苏青创作的热情重新点燃了。

回想当初从合作越剧团辞职后，苏青表现出来的沮丧，确实让人怀疑她能否胜任编剧工作，是否能创作出能上演的剧本，更别提好剧本了。

戏曲界都知道芳华越剧团的团长尹桂芳是一个大好人，当陈曼推荐苏青到剧团的时候，尹桂芳一口应承了。这是 1951 年年底的事。

陈曼其实也是芳华旗下的编剧，年轻但却是一位老编剧了。二十四岁的如花年龄，已经在六七个剧团担任过编剧，而且作品颇多。

苏青初来乍到，第一个剧本是和陈曼合作的，名为《新房子》，这是一出现代剧，以宣传"五反"运动而创作的。为何苏青不能独自编剧，或许剧团考虑到苏青刚经历了辞职风波，心理压力大，况且没有创作经验，于是让陈曼与她合作，这样更容易完成剧本创作，而且陈曼是老编剧，经验相当丰富。后来这部作品并未取得预期的效果，票房寂寂，未能惹人注目。

当第二部剧本依然上座不佳的时候，苏青脸上有些挂不住了。第二部剧作取材于中国古代农民起义的《江山遗恨》，与之前的《新房子》获得了相关部门的减税不同，这直接影响了剧团营业额。而芳华越剧团是民营性质的，全靠收入养活剧团和人员。所以团里的一些人见到这样的情形，便心生怨言，苏青哪受得了这气，但除了窝火，还能做什么呢。

她还可以继续创作啊！证明自己，稳固工作是当务之急。于是，苏青打算改编新剧本《秋江》，当申请提出后，剧团的意见是陈曼参与一起创作，这让苏青很难堪，觉得是对她能力的怀疑，十分不高兴。当然，如果换位做思考，苏青也许不会这么想了。之前她创作的两部戏反响平平，成绩不佳，剧团还是不敢轻易冒险，怕上座率依旧不高。

苏青心火积压，因为修改剧本的小事，与同事发生矛盾后最终诱发了咯血，她的肺结核病又犯了，不得不回家休养、调整。

整整一个夏天，苏青想了许多，最终明白了什么。1953年秋天，她根据《今古奇观》中的《卖油郎独占花魁》，改编成了《卖油郎》的剧本。这出戏苏青是下了狠功夫的，她大胆地删减了原著的人物和情节，赋予了一些新情节、新面孔，让剧目内容丰富起来，更有看点吸引人眼球。这部剧最终是取得一定票房，较之前两部好多了，但却因为苏青的改动，受到有关部门的批评。

苏青听说联合国教科文卫组织评选"世界十二名人"活动中，候选人有中国的屈原，这样的信息如果作为普通人听见了，无非右耳进左耳出罢了，但苏青动心了，她想将屈原搬上越剧舞台，这个剧目改编不容易出新鲜，要取得票房好成绩难度极高，正因如此，苏青想挑战了。

当苏青向团长尹桂芳提出这个想法的时候，没想到团长也感兴趣。谁都知道，剧团要生存和发展，必须推陈出新，要有所突破，剧目新颖。既然苏青想尝试一下，何不支持呢。

在与尹桂芳约定由她演绎屈原后，苏青更加有信心。接下来是整个团的重要人物都要对此作研究、准备工作。团长尹桂芳，导演高德明、作曲连波及苏青一行人去了北京，观看了正火热上演的话剧《屈原》，并与屈原的扮演者赵丹进行了座谈，用心取经，认真研磨。最后的日子，苏青还住在屈原研究专家文怀沙家，随时请教，聆听指导，收获颇丰。

1952 年，在丽都大戏院首演了苏青编剧、尹桂芳主演的越剧《屈原》。本剧共分《橘颂》《贿》《疏原》《著骚》《诬陷》《阻会》《救婵》《天问》八场。尹桂芳重塑的屈原，打破了她一贯的小生扮相，转变成了儒雅的文生模样，很是难得，不仅成就了全新形象的尹桂芳，《屈原》也成为芳华越剧团的重要剧目之一。

当上海市文化局局长夏衍在华东区戏曲观摩演出大会上作题为《为提高和发展新时代的戏曲艺术而奋斗》的讲话时，所提到的"任何创造性的改革都应该受到我们热烈欢迎和支持，这次汇演中得到较好成绩的沪剧《赵一曼》和越剧《屈原》，就是民间职业剧团勇于改革的很好的例子"时，大大地鼓舞了芳华越剧团，也鼓舞了尹桂芳和苏青。特别是苏青，众多的想法一股子冒出来，她在热情燃烧中寻找着新生活的薪火，并乐此不疲地实践，创新。

苏青改编《屈原》，起源于听到了"小道"消息，说屈原参与了世界名人的评选，这时的苏青以新闻工作者的敏锐性，抓住眼前机遇，借机借势借力以最快的速度完成编剧任务，这种方法讨巧，既配合政治，又迎合市场，真是一举两得。后来，苏青将这一招用在了改变《红楼梦》上。

1954 年，因为俞平伯用"资产阶级唯心论"的方法研究《红楼梦》引发了一场批判资产阶级唯心论的运动，曹雪芹的《红楼梦》便成为了焦点话题，苏青感觉时机又来了，于是便开始着手准备《红楼梦》的越剧创作。她通过一位熟人，接触上了复旦大学教授贾植芳，在《宝玉和黛玉》上演前夕，苏青将油印剧本送与贾植芳征询建议，贾植芳也认真地做出了答复，他道：

允庄先生：

来信及《红楼梦》一切稿均收到。因为事忙，今日才读毕。我觉得全剧精神及结构颇好，并能符合全书反封建主旨。作者是通过宝黛爱情来暴露和控诉封建制度的违反人性罪恶的，因此，必须深刻显示出爱情的社会定义来，它的纯洁性和丰富性。即是说，这两个正面形象必须通过细节描绘，来充分地，尖锐地表现出他们所代表的历史社会现象本质的东西，即它的历史性和社会性，也就是作品的思想性所在。我认为，首先掌握了这一点，是提高剧本思想性和艺术性的关键、贾府罪恶和宝黛故事是一致的。

另外，我也请一个对古典文学较有修养的同志看了一遍，他的一些简单和不成熟的意见，都写在稿端，并供参考。

匆此，盼祝。

笔祺！

贾植芳

元月 5 日

《宝玉和黛玉》上演后，好评如潮，各地巡回演出三百多场，可见其被追捧的程度。当然，也有提出质疑和批评的，比如苏青新构思的一个丫鬟惠香，成为问题的争议点，有说这种突破是好的，匠心独具，也有说不尊重原著，擅自篡改人物和内容不可取。这部越剧最终获得较大的成功，也标志着苏青戏曲编剧水平达到新高度，确立了她在越剧编剧界的地位。

后来，苏青又想编剧《李太白》，再次住进了文怀沙家中，一住又是半个月，但是这次没有取得多少经验，因为一场运动即将开始，苏青也牵扯进去了。

此事说来有些复杂。在与贾植芳一来二往求教中，贾植芳家中自然留下了一些苏青的书信，而后在胡风运动中，因为贾植芳与胡风的密切过从，被公安局逮捕入狱。不久，苏青也被批捕，时间是1955年12月1日。巧合的是，在关押苏青的上海提篮桥监狱，苏青遇到了周佛海的儿媳妇施丹萍，她们被羁押在一起，而施丹萍入狱的原因是"潘汉年、杨帆反革命集团案"，这样来看，苏青可能是因为"潘杨反革命案"入狱的，与胡风案件没有更多牵扯。施丹萍安慰苏青，她们没有太大问题，很快会出去。施丹萍为什么这么笃信会没事呢？

原来周佛海的儿子周幼海于新中国成立后在上海市公安局社会二室先后担任股长，副科长职务，这次也被批捕入狱。而在市公安局政保处一室做反特工作的施丹萍非常了解政策，以及自己和苏青两人在这场运动中的实际问题，不会关押太久。施丹萍说得虽没错，但也关押了近两年。

1957年6月27日，苏青被"宽大释放"，但是出狱后并没有对以反革命案逮捕的苏青作出恰当的结论。直到1984年11月19日，苏青去世两年后，上海市公安局对苏青案复查作出结论：

"经复查，冯和仪的历史属于一般政治历史问题，新中国成立后且已向政府作过交代。据此，1955 年 12 月 1 日以反革命案将冯逮捕是错误的，现予以纠正，并恢复名誉。"

至此，苏青的历史问题，画上了句号。

# 第六章　寂寂花落

但是我摇头不语。我幻想着三十年后，青山常在，绿水长流，而我却归黄土，是不是果在湖汇山上虽不得而知，但总有我的葬身之地吧，我将来墓碑上大书"文人苏青之墓"，因为我的文章虽然不好，但我的确实写它的，已经写了不少，而且还在继续的写下去，预备把它当作终身职业，怎么不可以标明一个自己的身份呢？

——苏青

都说大难临头各自飞，如果林子乱了，鸟雀还有栖身之所吗？不飞才是笨鸟，失聪的鸟了。

听说李钦后出事了，这事还真不是小事，而是杀头之罪！

前夫获罪，与苏青何干，况且李钦后已经再婚，有了他关心的人和关心他的人，苏青着急哪门子事呢？

一篇标题为《坚决向一切贪污行为斗争！人民法院扣押李钦后等》的文章于 1951 年 3 月 16 日发表在上海《文汇报》第三版上，标题大字醒目。内容中说："接群众密报，发现该院工作人员李钦后（学习审判员）……三犯串通一气，竟敢进行有计划的贪污活动，并在李犯钦后家中搜获黄金首饰等两，及人民币，缝纫机等赃款赃物总计贪污受贿数字越值一亿元。"

不知道苏青看后做何感想，无论如何，没了夫妻情分，他还是孩子们的父亲，苏青心中又气又恨又恼是肯定的。

最终，李钦后被认定罪行重大，被宣判为死刑。在李钦后的判决书中，有一句提到苏青的话，内容为："在敌伪时期他的前妻苏青所写风行一时的黄色小说《结婚十年》中所指的男子即为李钦后……"苏青就这么躺着也中枪了，这是她始料不及的，幸好她当时不在宣判现场，不然该是怎样的尴尬表情？

李钦后被枪决后，最终是苏青带着一对儿女去收尸的。李钦后现如今的妻子是一位资本家的女儿，哪见过这种严厉的阵势，自是怕极了，只好求苏青帮忙。当苏青翻开一个个棺材，找到李钦后时，这位曾经还算高大英俊的男人，蜷缩在棺材里。这样的情境下相见，纵使再多的怨恨也已消泯了，再见亦是"亲人"，死者去了，一切皆空。余下的只是料理好后事。

苏青总是仗义，惦记情谊，不忘各种恩情、友谊，在他人需要帮助的关键时候站出来，做力所能及之事。

李钦后案发于 1951 年上半年，那时苏青正在戏曲编剧班学习。这一晃几年过了，不曾想，苏青自己也进入了监狱，一待就是近两年。出狱后，芳华越剧团还要她吗？她还有创作的热情和心境吗？这些问题都摆在了苏青面前，毕竟生活还要继续，还要赚钱养家啊。

还好，芳华越剧团接纳了她。但好景不长，一年半后，剧团准备迁往福建。本来苏青也打算带着小女儿一同去福建，但文化局却突然来了一个通知，苏青不必随剧团去了。不知何故有这样的决定，思来想去，应该是苏青出狱后并没有正式的文件对她的问题做出结论，她现在还不适合随越剧团"支援前线"。

之后，苏青被组织安排到了红旗锡剧团任编剧。

而到了新剧团，作为新人的她总得开展工作吧。于是，苏青将本来在芳华越剧团编剧的《李太白》继续创作完成，公演时取得了成功。苏青这个时期的剧本创作已经是信手拈来，成为成熟的编剧了，如果不是各种无法预见的磨难，她为戏曲事业贡献的成就应该更多，更高。

一轮一轮的磨难接踵而至，牢狱之灾过后，清静了一段日子，"文化大革命"来了。苏青再也不能创作剧本，她被安排去看剧团大门，相对于那些下派到"五七干校"的人，这样的"待遇"似乎还算好的。

只是她每月工资却降到了十五元，日子愈发难过，还好儿子在外地每月邮寄五元来补贴。

最终，看门的待遇也没了，苏青被剧团辞退，开始被批斗，关"牛棚"审查，下乡改造，再批斗，这样的反复循环，身体和精神如何受得了。苏青从一个扯着嗓门说话的女人变成了"哑巴"妇女，而工资的一度停发，让她营养难以跟上，病了也无条件医治，肺病复发非常严重。挨到 1975 年 1 月，62 岁的苏青从黄埔区文化馆退休，退休金能拿原工资的百分之七十，不过生活总算有了保障，只是，这时的苏青已经走向暮年。

夕阳何处去，山外山。

身体垮了。医生说 X 光片竟然找不到苏青的肺了。

这个时候的苏青是脆弱的，但更是坚强的。孩子们幸福与否，便是她永恒的牵挂。如今亲近在身边的只有小女儿和儿子了，她要办两件事，一是为小女儿谋求出国的机会，二是为外地回上海的儿子找出路，因为儿子回来暂时没有正式工作，只得靠摆地摊挣钱，苏青心疼啊。

宋代女词人李清照道："寻寻觅觅，冷冷清清，凄凄惨惨戚戚。"这是一幅凄凉的晚景画面，苏青的晚年生活便是如此。在生命的甬道出口，在黄昏日落中，谁陪伴着她走向斜阳暮下。

苏青最后一封书信道："天天想写信，天天没有如愿，原因是想细诉心曲，欲'细'反而不达了……我近来认识了一个老人，家有花圃，主要种月季花，我已去不成公园，三天两头到他花圃中去坐坐，也空气清新。我今年连买了五盆月季，都种不活（原因是施肥太勤，欲速不达）。现在他给我弄了两盆，正在盛放，十分可爱。我每天蒙蒙亮起来，看花要看到两三小时。他答应等花谢后，仍把花送到他花圃去培养……我家的芙蓉、菊花也都有了花蕾，快要开了。这些花是我生命末期的伴侣，我并不悲观，只是安心等待上帝的召唤……可是我不能来看你了，实在怕走，只想安静。结防所来人叫我去拍片（已二年不拍片了），我也一味拖拉，现在决定不去了，也决定不来买花，不来看你了。但是心有灵犀一点通，一息尚存，总是想念你的。"

想你，只是近黄昏。苏青口口声声念叨的那个"你"，是一个叫王伊蔚的女子，她一直以老朋友的身份温暖地陪伴着走入暮年的苏青。这份珍贵的友谊，无疑是最美的月季、芙蓉、秋菊。她们相识于20世纪40年代初，王伊蔚曾是1932年10月1日创刊的《女声》杂志社的主编。1935年下半年因政府新闻检查机关刁难以及经济拮据停刊，1945年11月1日复刊，苏青和潘柳黛等人都是《女声》的特约作家，苏青也有文《记苏曾祥医生》在此刊上发表过。王伊蔚恨透了日本人办的《女声》，苏青亦是不喜欢，而且她们皆对关露供职于日本人的《女声》很有看法，这也许就是二人走近的微妙原因之一吧。

苏青一生写文无数，最感动最柔情的却是生命尽头中这句"总是想念你的"，让人不由怆然泪下。

她听见有一个声音在说"阿青，我还有一句话要对你说，我前月已在湖汇山买了一块坟地，风水很好的，面积也宽大，我想回去写一张遗嘱，叫你弟弟将来替我们做坟时剩出一方空地，将来你便同我永远做伴好了。"

"母亲，等我老死上湖汇山的时候，也许你早已到别处投胎去了呢？"

母亲一本正经答道："假使我今日同你说好了，我会等你的，我们娘儿俩一生苦命，魂灵在山中也要痛哭一场呀。"

"但是我摇头不语。我幻想着三十年后，青山常在，绿水长流，而我却归黄土，是不是果在湖汇山上虽不得而知，但总有我的葬身之地吧，我将来墓碑上大书'文人苏青之墓'，因为我的文章虽然不好，但我确实写它的，已经写了不少，而且还在继续地写下去，预备把它当作终身职业，怎么不可以标明一个自己的身份呢？"

母亲，青儿终是辜负了你！

1982 年 12 月，中国现代作家苏青于上海病逝，享年 69 岁。

时隔六年后，苏青的骨灰被外甥带到了大洋彼岸。

# 第七章　掩卷·魂牵梦萦

我依旧走不出梦。梦里的人，不是夜夜地来。

而我的梦，却是夜夜的。

醒在梦里，你在梦中。而故乡在你的梦里头，我只好将它走成故乡。

我说这些的时候。你分明有泪，一直在我梦里。

就像那只豢养的小兽，不经意间，利诱闪闪在动作，你说深入些，有些记得，会投降，会像夜索求黑。

你说，镂空些许清洌的丝光，等我壮大成影子，影子壮大成夜色。你在我手心舞蹈，哪儿也不去了。真的。

你说这些的时候，分明有泪。还有我们苍老的声音。

在梦里。

一次次挑衅。